AtV

GUILLAUME APOLLINAIRE, eigtl. Wilhelm Apollinaris de Kostrowitzki (1880–1918), wurde mit seinen Gedichtbänden »Le Bestiaire« (1911), »Alcools« (1913) und »Calligrammes« (1918), der Novellensammlung »Der gemordete Dichter« (1916) und seinen zahlreichen Essays über die junge kubistische und futuristische Malerei zum Wegbereiter der avantgardistischen Kunst unseres Jahrhunderts.

Apollinaire, der erst 1916 die französische Staatsbürgerschaft erhielt, litt zeitlebens unter der Herabsetzung, die ihm als unehelichem Sohn einer adligen Polin und eines italienischen Offiziers in der Pariser Gesellschaft entgegenschlug. In seinen anonym erschienenen erotischen Romanen – so »Die Großtaten eines jungen Don Juan« (1907) und »Die elftausend Ruten« (1907) – hat sich der Autor den selbstquälerischen Makel des »Ungeliebten« von der Seele geschrieben.

»Ich fühlte, wie mir das Blut zu Kopfe stieg, mein Atem ging stoßweise, ich mußte die Augen schließen und den Mund öffnen, um Luft zu bekommen. In diesem kurzen Augenblick schossen mir eine Unzahl von Gedanken und Bildern durch den Kopf. Meine Tante, vor der ich splitterfasernackt gestanden hatte; meine Schwester, deren niedliche kleine Mizzi ich mir genau angesehen hatte; die beiden Mägde mit ihren stämmigen Schenkeln; das alles zog an meinem inneren Auge vorbei. In dem Maße, wie ich mir das vorstellte, bearbeitete ich meinen Knüttel mit der Hand schneller, und plötzlich ging es mir wie ein elektrischer Schlag durch den ganzen Körper.

›Tante, Berthe, Ursule, Hélène! ...‹«

Guillaume Apollinaire

Die Großtaten eines jungen Don Juan

Aus dem Französischen
von Eberhard Wesemann

Aufbau Taschenbuch Verlag

Titel der Originalausgabe
Les Exploits d'un jeune Don Juan

ISBN 3-7466-1414-7

3. Auflage 1999
Aufbau Taschenbuch Verlag GmbH, Berlin

Umschlaggestaltung Preuße & Hülpüsch Grafik Design
unter Verwendung eines Fotos von Robert Farber, The Image Bank
Satz LVD GmbH, Berlin
Druck Elsnerdruck GmbH, Berlin
Printed in Germany

I

Der Sommer mit seinen schönen Tagen war gekommen, und meine Mutter hatte sich aufs Land begeben, wo wir erst seit geraumer Zeit ein Stück Grundbesitz mit einem Gut besaßen. Mein Vater war in Paris geblieben, um sich seinen Geschäften zu widmen, und das nicht zuletzt, weil er bedauerte, diesen Landsitz auf ausdrücklichen Wunsch meiner Mutter gekauft zu haben.

»Du bist es gewesen, die dieses Landhaus durchaus hat haben wollen!« sagte er immer. »Fahre dorthin, wenn du willst, aber dränge mich nicht mitzukommen! Im übrigen, meine liebe Anne, kannst du sicher sein, daß ich diesen Besitz bei der erstbesten Gelegenheit, die sich mir bietet, wieder verkaufen werde.«

»Aber, lieber Freund«, antwortete meine Mutter, »du kannst dir nicht vorstellen, wie gut die Landluft den Kindern bekommen wird.«

»Papperlapapp«, erwiderte mein Vater, schaute in sein Merkbuch und nahm seinen Hut, »ich habe deiner Laune nachgegeben, doch ich tat nicht gut daran.«

Meine Mutter war also auf ›ihr Land‹, wie sie sagte, gefahren, um so schnell und ausgiebig wie möglich dieses Vergnügen der Sommerfrische zu genießen, solange Haus und Besitz uns gehörten.

Sie hatte ihre jüngere und noch unverheiratete Schwester mitgenommen, ferner ein Zimmermädchen, mich, ihren einzigen Sohn, und schließlich eine meiner Schwestern, die ein Jahr älter war als ich.

Endlich kamen wir, in der fröhlichsten und erwartungsvollsten Stimmung, die man sich denken kann, in unserem Landhaus an, das die Leute dieser Gegend dort ›das Schloß‹ nannten.

Das ›Schloß‹ war einstmals Sommersitz reicher Steuerpächter gewesen und stammte zweifelsohne aus dem 17. Jahrhundert. Das Innere war außerordentlich weitläufig, und die Zimmer waren auf so sonderbare Art angelegt, daß dieses Haus eher insgesamt unbequem bewohnbar schien durch die schwer durchschaubare Anordnung der Räumlichkeiten, die ein architektonisches Chaos bildeten. Die Zimmer waren nicht wie in herkömmlichen Häusern angelegt, sondern durch eine Unzahl dunkler Gänge, verschlungener Korridore und Wendeltreppen voneinander getrennt. Um es kurz zu sagen, es war ein wahres Labyrinth, und man brauchte mehrere Tage, um sich darin zurechtzufinden und immer genau das Zimmer zu treffen, in das man wollte.

Die Nebengebäude, die das Gut mit seinen Stallungen bildete, waren vom ›Schloß‹ durch einen Hof getrennt. Dieser ganze Komplex von Gut und ›Schloß‹ war verbunden durch eine Kapelle, in die man sowohl vom Hof als auch vom ›Schloß‹ aus und von den Nebengebäuden gelangen konnte.

Die Kapelle war noch recht gut erhalten und hatte in früheren Zeiten einem Priester als Kirche gedient, der im ›Schloß‹ wohnte und sich um das Seelenheil der Bewohner des Dörfchens kümmerte, dessen Häuser in der Umgebung zerstreut lagen.

Doch seit dem Tod des letzten Kaplans war die Pfarrstelle nicht wieder neu besetzt worden, und nur an Sonn- und Feiertagen, zuweilen wohl auch manchmal in der Woche, um die Beichte abzunehmen, kam ein Kapuziner aus dem nahegelegenen Kloster, um in der Kapelle die unumgängliche Messe zum Heil der braven Landleute zu zelebrieren.

Wenn dieser Mönch eintraf, blieb er immer bis zum Abendessen, und man richtete ihm ein Zimmer neben der Kapelle her, für den Fall, daß er über Nacht bleiben wollte.

Meine Mutter, meine Tante und das Zimmermädchen Kate waren vollauf beschäftigt, das Haus herzurichten, wobei ihnen der Gutsverwalter, ein Knecht sowie eine Magd zur Hand gingen.

Da die Ernte bereits fast völlig eingebracht war, erhielten meine Schwester und ich die Erlaubnis, uns überall herumzutummeln. So durchstöberten wir das ›Schloß‹ bis in alle Ecken und Winkel, von den Kellern bis zu den Speichern. Wir spielten Verstecken hinter den Säulen, oder einer von uns versteckte sich unter einer der Treppen und wartete ab, bis der andere nichtsahnend vorüberging, um dann unvermittelt unter lautem Geschrei hervorzubrechen und ihn zu erschrecken.

Die Holztreppe, die auf den Dachboden führte, war sehr steil. Eines Tages war ich vor Berthe, so hieß meine Schwester, hinabgestiegen und hatte mich zwischen zwei Kaminabzugsrohren verborgen, wo es sehr dunkel war, während die Treppe von einer Fensterluke erhellt wurde, die zum Dach hinausging. Als Berthe dann vorsichtig die Treppe heruntertappte, stürzte ich hervor und bellte aus vollem Halse wie ein Hund. Meine Schwester, die nicht auf mich gefaßt war, konnte vor lauter Schrecken keinen festen Fuß fassen, verfehlte die nächste Stufe und fiel so unglücklich, daß ihr Kopf am Treppenabsatz zu liegen kam, während sich ihre Beine noch auf den Treppenstufen befanden. Selbstverständlich war ihr dabei das Kleid hochgerutscht, bedeckte ihr Gesicht und ließ ihre nackten Beine sehen. Als ich mich, voller Freude über den gelungenen Schreck, näherte, bemerkte ich, daß mit dem Kleid auch ihr Hemd bis zum Nabel gerutscht war. Berthe trug kein Höschen, weil – wie sie mir später gestand – ihres schmutzig war und man noch keine Zeit gefunden hatte, die Wäsche aus dem Gepäck herauszunehmen. Durch diesen Zufall kam es, daß ich zum ersten Mal die Blöße meiner Schwester unbedeckt sah.

Natürlich hatte ich Berthe schon ganz nackt gesehen, weil man uns in den Jahren zuvor oft zusammen gebadet hatte; doch hatte ich ihren

Körper entweder nur von hinten oder von der Seite zu sehen bekommen, weil meine Mutter ebenso wie meine Tante uns dabei so gestellt hatten, daß unsere Kinderpopos sich gegenüberstanden, während man uns wusch. Die beiden Frauen gaben genau acht, daß ich auch nicht einen einzigen verstohlenen Blick auf meine Schwester werfen konnte, und sobald man uns unsere kleinen Hemden überzog, befahl man uns, beide Hände sorgfältig vor den Körper zu halten. So ist Kate, unser Dienstmädchen, eines Tages, als sie uns statt der Tante badete, sehr heftig ausgeschimpft worden, weil sie vergessen hatte, Berthe die Hände vorstrecken zu lassen. Seit diesem Vorfall waren es meine Mutter oder meine Tante, die mich badeten. Wenn ich dann in der großen Badewanne war, sagte man mir: »Jetzt, Roger, kannst du deine Hände wegnehmen!« Und wie man sich wohl denken kann, war es immer eine von den beiden, die mich abseifte und wusch.

Meine Mutter, die es sich zum Grundsatz gemacht hatte, daß die Kinder so lange wie möglich als Kinder behandelt werden müssen, war davon nicht abzubringen.

Zu jener Zeit war ich dreizehn Jahre alt und meine Schwester Berthe vierzehn. Ich wußte damals noch nicht das geringste von der Liebe, noch nicht einmal etwas vom Unterschied der Geschlechter.

Aber sobald ich völlig ausgezogen und nackt vor den Frauen stand und die zarten Hände der beiden hier und da über meinen nackten Körper gleiten fühlte, verursachte mir das jedes Mal einen eigenartigen Eindruck.

Ich erinnere mich noch sehr genau, daß ich immer, wenn meine Tante Marguerite mir meine Geschlechtsteile wusch und schrubbte, unerklärliche und seltsame, aber außerordentlich angenehme Gefühle verspürte. Ich bemerkte, daß dann mein Piephahn mit einem Mal hart wie Eisen wurde, statt wie sonst schlaff herunterzuhängen, und den Kopf hervorreckte. Unwillkürlich näherte ich mich dann meiner Tante und streckte den Bauch so weit vor, wie ich konnte.

Eines Tages, als es mir wieder einmal so erging, sah ich, wie Tante Marguerite plötzlich bei meinem Anblick errötete, und diese Röte verlieh ihrem anmutigen Gesicht noch mehr Liebreiz. Sie schaute auf mein Stehaufmännchen, und indem sie so tat, als hätte sie nichts bemerkt, gab sie meiner Mutter, die mit uns gerade ein Fußbad nahm, verstohlen ein Zeichen. Kate war zwar inzwischen mit Berthe beschäftigt, doch auch sie wurde aufmerksam. Im übrigen hatte ich schon bemerkt, daß sie sich viel lieber mit mir als mit meiner Schwester befaßte und daß sie keine Gelegenheit versäumte, meiner Mutter oder meiner Tante zur Hand zu gehen. Jetzt nun wollte sie auch sehen, was mit mir los wäre. Sie wandte das Gesicht zu mir und betrachtete mich, ohne sich im mindesten zu genieren, während meine Tante und meine Mutter bedeutsame Blicke wechselten.

Meine Mutter saß im Unterrock da und hatte sich bis zu den Knien aufgeschürzt, um sich so bequemer die Zehennägel zu verschneiden. So konnte ich ihre hübschen Beine, ihre schönen strammen Waden und ihre weißen runden Knie sehen. Dieser Blick auf die Beine meiner Mutter hatte dieselbe Wirkung auf meine Männlichkeit wie die Berührungen meiner Tante. Meine Mutter mußte das wahrscheinlich gespürt haben, denn sie errötete und streifte sofort ihren Unterrock herunter. Die beiden Frauen lächelten verstohlen, während Kate nicht an sich halten konnte und in lautes Lachen ausbrach, bis ein strenger Blick seitens meiner Mutter und ihrer Schwester sie zum Schweigen brachte.

Doch sagte sie, wie um sich zu entschuldigen:

»Berthe lacht auch immer, wenn ich mit dem warmen Schwamm an diese Stelle komme.«

Meine Mutter befahl ihr barsch, den Mund zu halten.

Im selben Augenblick öffnete sich die Tür des Badezimmers, und meine ältere Schwester Elise trat ein. Sie war fünfzehn Jahre alt und besuchte die höhere Mädchenschule. Obwohl meine Tante mir sofort ein Hemd überstreifte, hatte Elise mich doch noch in meiner ganzen Blöße gesehen, und das trieb mir die Schamröte ins Gesicht. Denn wenn ich auch vor Berthe keinerlei Scham empfand, wollte ich doch nicht von Elise ganz nackt gesehen werden, da sie seit vier Jahren nicht mehr mit uns badete, sondern mit den Frauen oder mit Kate.

Ich fühlte also eine Wut auf alle Frauen des Hauses in mir, weil jede von ihnen das Recht hatte, ins Badezimmer zu kommen, auch wenn ich dort nackt stand, während ich das in ihrem Falle nicht durfte. Ich fand es ganz und gar ungerecht, daß man mir verbot, dort einzutreten, sogar wenn man nur meine Schwester Elise badete, denn ich sah einfach nicht ein, warum.

Auch wenn sie sich den Anschein einer jungen Dame gab, war das noch lange kein Grund, daß man sie bevorzugte oder anders behandelte als uns.

Selbst Berthe fand die ungerechtfertigten Anmaßungen Elises empörend, die sich eines Tages geweigert hatte, sich vor ihrer jüngeren Schwester auszuziehen, und es erst getan hatte, als sie mit meiner Mutter und Tante allein im Badezimmer war.

Wir konnten ein solches Verhalten nicht verstehen, das damit zusammenhing, daß Elise bereits in der Pubertät war. Ihre Hüften hatten sich gerundet, ihre Brüste begannen zu schwellen, und die ersten Haare sprossen auf ihrem Schamhügel, wie ich später erfuhr.

An jenem Tage, als Berthe sich so über ihre Schwester aufgeregt hatte, hatte sie meine Mutter zur Tante sagen hören, als die beiden aus dem Badezimmer kamen:

»Bei Elise ist es frühzeitig gekommen.«

»Ja, du hast recht, bei mir war es ein Jahr später.«

»Und bei mir zwei Jahre später.«

»Man muß ihr jetzt ein eigenes Schlafzimmer geben.«

»Sie könnte vielleicht mit in meinem schlafen!« hatte die Tante erwidert.

Berthe hatte mir das alles ganz genau wiedererzählt, und selbstverständlich verstand sie den Sinn dieser Worte ebensowenig wie ich.

Dieses Mal nun, als Elise ins Badezimmer eingetreten war und mich ganz nackt mit meinem Steppke sah, der aufgerichtet stand wie ein kleiner Hahn mit geschwollenem Kamm, da bemerkte ich, daß sich ihr Blick auf diese für sie außergewöhnlich interessante Stelle geheftet hatte und daß sie dabei eine Bewegung größten Erstaunens nicht verbergen konnte. Aber sie wandte den Blick nicht ab. Im Gegenteil!

Als dann meine Mutter sie plötzlich fragte, ob sie auch baden wolle, überzog eine tiefe Röte ihr Gesicht, und sie brachte stammelnd hervor: »Ja, Mama!«

»Roger und Berthe sind jetzt fertig«, versetzte meine Mutter, »du kannst dich also schon ausziehen!«

Elise gehorchte unverzüglich und zog sich bis aufs Hemd aus. Ich konnte nur erkennen, daß sie entwickelter war als Berthe, aber das war auch alles, denn wir zwei Kinder mußten den Raum verlassen.

Seit jenem Tag aber durfte ich nicht mehr mit Berthe zusammen baden. Tante Marguerite oder wohl auch meine Mutter waren jedoch immer bei meinem Bad zugegen, weil letztere zu ängstlich war, mich dabei allein zu lassen, seit sie gelesen hatte, daß ein Kind in der Badewanne ertrunken sei. Aber weder die eine noch die andere wuschen mir noch meinen Piephahn, auch nicht meine kleinen daran hängenden Oliven, sondern nur den Rest. Trotzdem stand mir der Kleine, wenn ich mit Tante oder Mutter allein im Bade war. Die Frauen bemerkten das wohl jedes Mal; meine Mutter wandte dann immer den Kopf ab, wenn sie mir das Hemd aus- oder wieder anzog, während Tante Marguerite die Augen niederschlug.

Die Tante war zehn Jahre jünger als meine Mutter, also sechsundzwanzig Jahre alt, aber da sie in stiller Herzenseinsamkeit gelebt hatte, sah sie sehr gut aus und wirkte wie ein junges Mädchen. Meine Nacktheit schien bei ihr einen tiefen Eindruck zu hinterlassen; denn jedes Mal, wenn sie mich badete, sprach sie mit mir mit flötensüßer Stimme. Einmal, sie hatte mich wieder kräftig eingeseift und den Schaum wieder abgespült, streifte ihre Hand leicht mein Pinnemännchen. Sofort zog sie ihre Hand zurück, als hätte sie eine Schlange berührt. Als ich das sah, sagte ich zu ihr mit etwas Vorwurf in der Stimme:

»Liebes nettes Tantchen, warum wäschst du deinem Roger nicht mehr alles von oben bis unten?«

Glühende Röte bedeckte ihr Gesicht, als sie mir mit unsicherer Stimme zur Antwort gab:

»Aber, Roger, ich habe dir doch alles gewaschen!«

»Ach was, Tantchen, du hast meinen Piephahn vergessen!«

»Pfui, du garstiger Junge! Den kannst du dir doch selbst waschen!«

»Nein, Tante, ich bitte dich, daß du das für mich tust, denn ich kann es doch nicht so gut wie du!«

»Ach, du Schlingel!« sagte sie lächelnd, nahm wieder den Schwamm zur Hand und wusch mir sorgfältig meinen Zipfel und die Schellen daran.

»Komm, mein liebes Tantchen«, sagte ich, nachdem sie fertig war, »laß dir von mir einen Kuß geben, weil du so lieb zu mir gewesen bist!« Und ich küßte sie auf ihren hübschen kirschroten Mund, in dem man ihre Zähne, wie Perlen aneinandergereiht, sehen konnte.

»Und jetzt frottiere mich noch ab!«, sagte ich, mit den Händen recht artig ›Bitte, bitte!‹ machend, als ich aus der Wanne gestiegen war.

Also trocknete sie mich auch noch ab und frottierte die empfindliche Stelle vielleicht länger, als notwendig gewesen wäre. Das stachelte meinen Piephahn bis zum äußersten an, und so hielt ich mich am Rand der Wanne fest, um ihn desto mehr vorstrecken zu können. Dabei bewegte ich mich so, daß meine Tante mich sanft ermahnte:

»Jetzt ist es aber genug, Roger! Schließlich bist du kein kleiner Junge mehr. Von nun an wirst du dich selbst waschen!«

»O nein, Tantchen, nein! Ich bitte dich ganz lieb, nicht allein! *Du* sollst mich immer baden. Wenn du es tust, macht es mir viel mehr Spaß als mit Mutter.«

»Zieh dich an, Roger!«

»Bitte, Tante, sei so lieb und bade auch einmal mit mir!«

»Zieh dich an, Roger!« wiederholte sie und ging zum Fenster.

»Nein und nochmals nein!« sagte ich verstockt. »Ich will dich auch einmal in der Wanne sehen!«

»Roger!«

»Tante, wenn du nicht in die Wanne steigst, dann erzähle ich Papa, daß du wieder meinen Piephahn in den Mund genommen hast.«

Schamröte übergoß unwillkürlich ihr Gesicht, als sie mich das sagen hörte. Und wirklich, sie hatte es einmal getan, aber nur ganz kurz. Das war an einem Tage, als ich nicht baden wollte. Das Wasser in der Wanne war zu kalt gewesen, und ich bin vor Angst in mein Zimmer geflüchtet. Die Tante war mir dorthin gefolgt, und da wir allein waren, hatte sie mich streichelnd beruhigt, hatte schließlich meinen kleinen Schnuller in den Mund genommen und an ihm mit ihren weichen Lippen einen Augenblick daran gezuckelt. Das hatte mir wohlgetan und mich schließlich besänftigt. Ein anderes Mal, aber unter ähnlichen Umständen, hatte es meine Mutter auch getan, und ich kannte das von vielen anderen her. Die Frauen, die kleine Jungen baden, tun das oft. Das hat bei ihnen die gleiche Wirkung, als wenn wir Männer das Dingerl eines kleinen Mädchens sehen und berühren, nur mit dem Unterschied, daß Frauen mehr und besser solche kleinen beruhigenden Freuden zu verteilen wissen.

Ich hatte im zarten Kindesalter eine alte Kinderfrau, die mich, wenn ich nicht einschlafen konnte, an meinem kleinen Schnuller und die Schellen darunter krabbelte und sogar daran zuzzelte. Ich kann mich auch noch ganz dunkel daran erinnern, wie sie mich eines Tages auf ihren nackten Bauch setzte und mich lange darauf wiegte. Doch da das schon sehr, sehr lange her ist, kann ich mich kaum noch darauf besinnen.

Als sich meine Tante wieder in der Gewalt hatte, sagte sie zornig:

»Das war damals nur ein Scherz, Roger, und du warst noch ein ganz kleiner Junge; jetzt aber sehe ich, daß du keinen Spaß mehr verstehst und du ein Mann geworden bist.«

Und mit diesen Worten warf sie wieder einen Blick auf meinen steifen Zapfen. »Du bist sogar ein garstiger Schlingel! Ich habe dich nicht mehr lieb.« Dabei gab sie mir einen leichten Klaps auf mein Glied.

Sie wollte aus dem Zimmer gehen, doch ich hielt sie zurück und sagte:

»Verzeih mir, Tantchen, ich werde auch zu niemandem etwas sagen, wenn du nur einmal in die Wanne steigen wolltest.«

»Wenn es dir Spaß macht, werde ich es tun«, erwiderte sie und lächelte wieder.

Sie zog ihre roten Pantoffeln aus, in denen ihre nackten Füße steckten, raffte den Morgenrock über den Knien zusammen und stieg in die Wanne, deren Wasser ihr bis zu den Waden reichte.

»So, da hast du deinen Willen gehabt, Roger, und nun sei folgsam und ziehe dich artig an, ansonsten schaue ich dich niemals wieder an!«

Sie sagte das in einem so bestimmten Ton, daß ich merkte, daß sie es ernst meinte. Da stand mein Kleiner nicht mehr. Ich nahm mein Hemd und zog mich an, während Tante Marguerite ein Fußbad in der Wanne nahm. Übrigens, damit ich sie mit keinen weiteren Fragen belästigte, sagte sie mir, daß sie sich nicht wohl fühle und deshalb nicht baden könnte.

Als ich fertig angezogen war, stieg sie aus der Wanne, um sich Beine und Füße abzutrocknen. Das Handtuch war feucht von mir, so setzte ich mich zu ihren Füßen nieder und frottierte die hübschen Füße meiner Tante trocken. Sie ließ mich ohne weiteres gewähren. Als ich mit dem Handtuch zwischen ihre Zehen kam, lachte sie, und als ich ihre Fußsohlen berührte und dort

Kitzeln verursachte, brachte das ihre gute Laune wieder, und sie ließ auch zu, daß ich ihre Waden trockenrieb. Kaum war ich aber an den Knien, gab sie mir zu verstehen, daß ich nicht höher gehen dürfte. Ich gehorchte, obwohl ich seit langem vor Begierde brannte, in Erfahrung zu bringen, was denn die Frauen so Kostbares unter ihren Röcken trügen, das sie glaubten, so sorgsam versteckt halten zu müssen.

Obwohl meine Tante und ich wieder gut Freund waren, mußte ich seither allein baden.

Meine Mutter mußte all diese eben geschilderten Sachen von meiner Tante erfahren haben, doch ließ sie sich davon nichts anmerken.

Ich will jetzt nicht weiter fortfahren mit diesen Geschichten, die nur zum Verständnis dessen dienten, was nun folgt.

Es gilt also jetzt, in der Erzählung ein wenig zurückzugehen, um den Faden der Geschichte wieder aufzunehmen.

2

Ich war dabei stehengeblieben, daß meine Schwester auf der Treppenstufe gestürzt war und, die Röcke hoch aufgeschürzt, nicht wieder aufstehen konnte, selbst als sie mich so nahe bei sich sah. Sie war durch den Sturz und vor Angst wie vom Blitz getroffen.

Ich selbst glaubte, daß sie mich ihrerseits erschrecken wollte, deshalb siegte die Neugierde in mir über das Mitleid.

Ich konnte einfach mit meinen Augen nicht von ihrer Nacktheit loskommen. An der Stelle, wo der Bauch in die Hüften und Schenkel überging, sah ich eine merkwürdige Erhebung, einen molligen kleinen Hügel in Form eines Dreiecks, auf dem einige blonde Härchen sprossen. Und genau dort, wo die Schenkel zusammenliefen, war der Hügel geteilt durch eine beträchtliche Spalte von nahezu drei Zentimeter Länge, und zwei wulstige Lippen teilten sich rechts und links von der Spalte. Ich sah auch die Stelle, wo diese Spalte auslief, als meine Schwester sich mühte, sich wieder aufzurichten. Höchstwahrscheinlich war sie sich nicht bewußt, daß sich ihr Unterleib in seiner ganzen Blöße zeigte, sonst hätte sie bestimmt zuerst ihre Kleider heruntergestreift. Und um sich wieder auf die Füße zu stellen, mußte sie unwillkürlich ihre Schenkel spreizen. Bei dieser Bewegung konnte ich beobachten, wie die beiden Lippen dort unten, deren oberen Anfang ich gesehen hatte, als ihre Schenkel zusammengepreßt waren, sich fortsetzten, um sich dann kurz vor dem Löchlein, dort, wo der Rükken seinen anständigen Namen verliert, zu vereinigen.

Während dieser plötzlichen Bewegung hatte sich ihre Spalte halb geöffnet, die, zu jener Zeit, etwa sechs bis acht Zentimeter lang gewesen sein mochte.

Ich konnte in diesem nur kurzen Augenblick sehen, daß im Inneren der Ritze alles rosarot war, während der Körper sonst rundherum weiß wie Milch schimmerte, abgesehen von den Stellen zwischen den Schenkeln und nahe den Lippen, die ein wenig gerötet erschienen. Doch schien diese leichte Rötung sicherlich vom Schwitzen oder Pipimachen herzurühren. Von der Stelle, wo ihre Muschi auslief, die in der Form einer Aprikosenspalte nicht unähnlich schien, bis zu ihrem Hintern war ein Abstand von ungefähr einem Finger. Dort, wo sich die Müllkute Berthes befand, die mir vor Augen kam, als sich meine Schwester gedreht hatte, streckte sie mir den Hintern entgegen. Dieses Löchel war nicht größer als die Kuppe meines kleinen Fingers und von dunklerer Farbe. Zwischen den Schenkeln, ich sagte es schon, war die Haut leicht gerötet von Schweiß und durch die Hitze, die an jenem Tage herrschte.

Meine Neugierde war so lebhaft in Anspruch genommen, daß ich gar nicht daran dachte, daß sich meine Schwester beim Fallen hatte sehr weh tun müssen; jetzt, da ich genug gesehen hatte und mir das bewußt wurde, stürzte ich ihr sogleich zu Hilfe. Die ganze soeben geschilderte Szene hatte, ehrlich gesagt, nicht einmal eine Minute gedauert. Ich half Berthe auf die Füße, sie stand zitternd und benommen da und klagte über Schmerzen am Kopf.

Es gab zwar genügend kaltes Wasser im Brunnen des Hofes, doch hätte man unweigerlich bemerkt, daß etwas geschehen war, hätte uns ausgefragt und von dem Sturz erfahren. Das Ende vom Lied wäre gewesen, daß man uns unsere Streifzüge durch das ›Schloß‹ verboten hätte. So schlug ich also vor, zu dem kleinen Teich zu gehen, den wir vom Dachfenster aus inmitten des Gartens entdeckt hatten, um Berthes Kopf zu kühlen. Dort angekommen, fanden wir, fast verdeckt von dichtem Gesträuch zwischen künstlich angeordneten Steinen, eine Quelle, die in den Teich floß.

Berthe setzte sich auf eine Steinbank, und mit unseren Taschentüchern machte ich ihr kalte Umschläge. Sie war ein wenig erhitzt und rang nach Atem. Da es noch lange nicht Mittag war, hatten wir genügend Zeit, daß sie sich erholte. Kaum eine halbe Stunde war vergangen, da ging es ihr schon wieder besser, trotz der dicken Beule am Kopf. Zum Glück für uns bemerkte sie später auch keiner der Erwachsenen, denn Berthe hatte sie durch ihre Haare verdeckt.

Die ganze Zeit über seit dem Zwischenfall hatte ich in meinem Kopf all das geordnet, was mir vor Augen gekommen war, und verweilte gern bei der Erinnerung dieser für mich neuen Entdeckungen.

Aber ich wußte nicht, wie ich es bei Berthe mit dieser bestimmten Angelegenheit anstellen sollte.

Schließlich entschloß ich mich zu einem Vorstoß. Ich hatte bemerkt, als ich meine Schwester unten nackt sah, daß da, wo ihre Muschi endete, sich unterhalb ihres Hinterns ein kleiner Leberfleck, ein Muttermal befand. Ein gleiches hatte auch ich an der Stelle hinter meinem Schellensäckchen.

Meine Mutter und meine Tante hatten es eines Tages bemerkt und dabei gelacht, ich jedoch kannte nicht den Grund dafür. Erst später, als ich einmal nackt vor dem Spiegel stand und mich von vorn und hinten besah, hatte ich es entdeckt.

Als ich daraufhin Berthe davon erzählte, errötete sie heftig und schien sehr erstaunt. Zuerst tat sie so, als würde sie nichts verstehen, doch als ich ihr genau ihre Lage beschrieben hatte, indem ich mich mit gespreizten Beinen auf den Boden legte, um ihr zu zeigen, wie ich sie gesehen hatte, verging sie fast vor Scham.

Ich hatte darauf achtgegeben, daß sich kein anderer außer uns im Garten befand. Hohes

Gras und dichtes Gestrüpp verbargen uns vor allen fremden Blicken, und wir konnten dadurch auch beizeiten bemerken, wenn sich uns jemand näherte.

Ich knöpfte meine Hosenträger los, zog meine leichte Sommerhose herunter und legte mich genauso, wie sie sich auf der Treppe befunden hatte, auf den Rücken, daß Berthe alles von mir da unten vor Augen hatte.

»Mein Gott, Roger, wenn dich jemand so sieht!« flüsterte sie, ohne jedoch ihre Blicke von meiner Unterpartie abzuwenden.

»Hier ist weit und breit keine Menschenseele, Berthe!« erwiderte ich ebenso leise. Sodann stand ich auf, stellte mich vor sie hin, hob mein Hemd in die Höhe und sagte: »Da ich dich ganz nackt vor mir gesehen habe, kannst du mich genauso sehen.«

Jetzt war die Neugier bei Berthe geweckt, und sie beschaute mich, ohne sich irgendwelchen Zwang anzutun. Diese ihre Blicke blieben nicht ohne Wirkung in meinen ›Niederlanden‹. Mein Piephahn wurde steifer, begann sich langsam aufzurichten, streckte sich beachtlich in die Höhe und zuckte, während seine Nasenspitze zum Vorschein kam.

»Siehst du, Berthe, durch dieses kleine Loch an der Spitze mache ich Pipi, aber jetzt kann ich es nicht, obwohl ich dazu nicht übel Lust hätte!«

»Auch ich müßte schon, und eigentlich bereits seit einiger Zeit«, meinte Berthe schüchtern, »doch ich schäme mich; es sei denn, du schaust nicht hin, Roger!«

»Also los, Berthe, sei ein artiges Kind! Wenn man es zu lange zurückhält, platzt die Blase und man stirbt. So jedenfalls hat immer unsere alte Kinderfrau gesagt.«

Berthe stand auf, sah sich nach allen Seiten um, dann kauerte sie sich neben die Steinbank und fing an, Pipi zu machen. Schnell beugte ich mich nieder, um alles genau zu verfolgen, und ich sah, wie sich oberhalb ihrer Spalte ein dünner reichlicher Strahl schräg auf den Boden ergoß.

»Aber nicht doch, Roger«, rief meine Schwester mit weinerlicher Stimme, »das macht man doch nicht!«

Sie unterdrückte ihr Bedürfnis und stand wieder auf.

»Aber Berthe«, erwiderte ich, »kein Mensch weit und breit sieht uns! Sei also lieb!« Dabei lächelte ich begütigend und fügte hinzu: »Schau doch mich an, ich geniere mich nicht im geringsten vor dir!« Mit diesen Worten ließ auch ich meinem Bedürfnis freien Lauf, doch nur stoßweise, weil mein Piephahn noch steif war.

Als Berthe das sah, brach sie in Lachen aus. Ich nutzte ihre gute Laune aus, lüpfte mit einem Ruck ihren Rock und ihr Hemd, brachte sie mit starker Hand zum Kauern und zwang sie so, weiter Pipi zu machen.

Jetzt leistete sie keinen Widerstand mehr, spreizte ihre Beine und beugte sich dabei ein wenig nach vorn. Ich sah wieder den Strahl hervorspritzen, der auf dem Boden eine Pfütze bildete; aber nach und nach wurde er schwächer. Schließlich schien es mir, als ob meine Schwester nachpreßte, denn ihre Spalte über dem Pipilöchlein öffnete sich, und ich konnte das Rosarot derselben sehen. Das alles hatte nur Sekunden gedauert; der Strahl ließ nach, und nur noch einige Tränen tropften herab.

Als ich das bemerkte, ergriff ich mit beiden Händen die Schamläppchen ihrer Spalte und drückte sie auseinander. Dieser mein Handgriff schien ihr rechte Lust zu bereiten, denn sonst hätte sie nicht mit soviel Bereitwilligkeit ihr

Hemd hochgehalten. Schließlich entdeckte ich, daß ihre Spalte, die man mit einer halbgeöffneten Muschel vergleichen könnte, noch zwei kleinere Falten als die äußeren hatte. Diese waren von einem schönen Rot und geschlossen. Etwas weiter oben sah man das Löchlein, durch das sie Pipi gemacht hatte. Ich bemerkte aber auch einen kleinen Wulst von der Größe einer Erbse. Ich berührte ihn und fand ihn ziemlich hart. Diese Berührungen schienen meiner Schwester zu gefallen, denn sie hielt dabei still, nur daß sie den Bauch ein wenig nach vorn streckte.

Mit einem Mal wurde Berthe sehr aufgeregt und hob sogar das Hemd bis zum Nabel hoch. Neugierig wie ich war, untersuchte ich ihren Bauch. Meine Hände strichen über alles hin. Ich betastete ihren Nabel und fuhr mit meiner Zunge hinein. Dann ging ich einen kleinen Schritt zurück, um alles besser in Augenschein nehmen zu können. So sah ich die hübschen Härchen, die die gewölbte weiche und dreieckige Muschi schmückten. Ehrlich gesagt, sie hatte erst sehr wenige, und sie waren erst am Sprießen und deshalb flaumig und so hellblond, daß man ganz dicht herantreten mußte, um sie zu bemerken. Ich selbst hatte zwar auch nicht mehr um meinen Piephahn herum, aber sie waren doch viel dunkler.

Ich drehte sie ein wenig zusammen und zeigte mein Erstaunen über die unterschiedliche Farbe unserer Haare unten. Aber Berthe meinte:

»Das ist immer so!«

»Wie kannst du das wissen?« fragte ich.

»Kate hat es mir gesagt, als wir allein beim Baden waren. Übrigens werde ich bald meine Tage bekommen.«

»Was ist denn das wieder?«

»Aus der Muschi fließt dann jeden Monat für einige Tage Blut. Kate hat im selben Alter wie ich ihre Haare und ihre Tage bekommen.«

»Hat sie auch solche Haare wie du?«

»Aber nein doch!« sagte Berthe mit überlegener Miene und fügte hinzu, nachdem sie ihre Kleider wieder heruntergelassen hatte:

»Kate hat dort unten fuchsrote Haare, und meine sind doch blond. Sie reibt sie mit Haaröl ein, damit sie dunkler erscheinen. Im übrigen hat sie so viele, daß man ihre Muschi nur sehen kann, wenn sie die Beine weit auseinander spreizt.«

Während Berthe mir das alles erzählte, war

mein Piephahn schlaff geworden. Berthe bemerkte es und meinte:

»Schau nur, dein Ding da ist wieder ganz klein geworden. Kate hat mir das an dem Tag gesagt, als ich sie gefragt hatte, warum sie in der Badestube so gelacht hat. Sie hat mir erzählt, daß sich dein Piephahn wie der eines Mannes aufgerichtet hätte. ›Es scheint‹, so sagte sie, ›daß er ziemlich groß ist. Wenn er ein Mann wäre‹, meinte sie weiter, ›würde ich es mir gern von ihm besorgen lassen. Paß also auf, Berthe, daß er es nicht mit dir treibt!‹«

»Was soll das heißen: ›es besorgen‹?« fragte ich.

»Nun ja! Wenn man das eine an dem anderen reibt. Kate hat es schon einmal mit mir gemacht, und ich mußte mit ihr dann dasselbe auch tun. Sie hat mir aber dabei mehr Lust verschafft als du mir eben. Sie feuchtet sich dann immer den Finger an. Ich habe ihr den Daumen hineinstecken müssen, denn wahrscheinlich ist das der Finger, der am weitesten eindringt. Dann habe ich ihn schnell vor und zurück bewegt, und das hat ihr große Lust bereitet. Dann hat sie es mir gemacht, und ich hatte ebensolches Vergnügen dabei empfunden. Aber beim ersten Mal, als sie es sich von mir hat besorgen lassen, hat sie mir einen tüchtigen Schrecken eingejagt. Denn sie hat angefangen zu seufzen, zu stöhnen, zu keuchen und schließlich unter heftigem Schütteln zu schreien, so daß ich aufhören wollte, da ich glaubte, daß es ihr weh täte. ›Hör nicht auf, Berthe, mach weiter!‹ sagte sie unter Stöhnen. Und dann hat sie sich hin und her geworfen und mir zugerufen: ›Berthe, ach Berthe, es kommt, oh, oh...!‹ Nach diesen Worten ist sie aufs Bett zurückgesunken und schien wie bewußtlos. Als ich meinen Finger aus ihrer Spalte zurückzog, war er klebrig wie von Leim. Sie hat ihn mich dann waschen lassen und mir versprochen, es mir auch ›kommen zu lassen‹, sobald ich etwas älter wäre und Haare auf meiner Muschi hätte.«

Nachdem ich das alles von Berthe gehört hatte, schossen mir tausend Gedanken durch den Kopf. Ich hatte so viele Fragen auf dem Herzen, weil mir vieles unverständlich geblieben war. Im übrigen, wer weiß, was geschehen wäre, wenn nicht gerade in diesem Augenblick die Glocke zum Mittagessen gerufen hätte. Ich betrachtete noch einmal schnell alle Schätze, die Berthe besaß, und zeigte ihr meine, dann brachten wir unsere Kleider wieder in Ordnung, umarmten uns und versprachen uns gegenseitig mit Ehrenwort, kein Sterbenswörtchen von dem zu verraten, was zwischen uns vorgefallen war. Wir wollten uns schließlich auf den Weg zum Schloß machen, als wir Stimmen hörten.

3

Die Glocke, die geläutet worden war und die wir damals gehört hatten, rief nicht uns zum Essen, sondern die Bedienten. Wir hatten es also nicht eilig, den Garten zu verlassen. Da wir ja auch wieder angezogen waren und die Leute, die sich näherten, nicht hätten erraten können, was wir soeben getan hatten.

Wir hörten das Lärmen von Stimmen nicht weit von uns, außerhalb des Gartens. Bald sahen wir, daß diese Stimmen von einigen Mägden kamen, die auf dem Feld hinter dem Garten zu tun hatten. Wir konnten uns die Mägde ansehen, weil das Essen der Bedienten erst eine Viertelstunde nach dem Glockenläuten begann.

Da es am Tage zuvor geregnet hatte, klebte Erde vom frisch gepflügten Feld an den Füßen der Mägde, die barfuß gingen und deren Röcke – richtiger gesagt, schien eine jede nur einen einzigen zu tragen – sehr kurz waren und nur bis etwa zu den Knien reichten. Es waren zwar keine Schönheiten unter ihnen, doch waren alle gut gebaut, mit einer sonnengebräunten Haut und in einem Alter zwischen zwanzig und dreißig Jahren.

Als diese Frauen beim Teich angekommen waren, setzten sie sich am Ufer ins Gras und tauchten die Füße ins Wasser. Und während sie so ihr Fußbad nahmen, schwatzten sie um die Wette. Sie saßen etwa zehn Schritte entfernt uns gegenüber, so daß man sehr deutlich den Farbunterschied zwischen ihren braunen Waden und ihren viel weißeren Knien sehen konnte, die völlig entblößt waren, bei einigen Frauen konnte man sogar einen Teil der Schenkel erkennen.

Berthe schien kein Vergnügen an diesem Schauspiel zu haben und zog mich ungeduldig am Arm, um mir zu verstehen zu geben, daß wir den Platz räumen und ins Schloß zurückkehren sollten. Aber gerade da hörten wir ganz in unserer Nähe Schritte kommen und sahen drei Knechte auf einem Weg dicht neben uns.

Einige der Mägde brachten ihre Kleider in Ordnung, als sie die Männer näherkommen sahen, besonders aber die eine mit kohlrabenschwarzem Haar, deren Gesichtszüge an eine Spanierin erinnerten und deren zwei hellgraue Augen spöttisch blitzten.

Der erste der Knechte, ein Mann mit einem etwas dümmlichen Gesicht, nahm keinerlei Notiz von den Frauen, sondern stellte sich vor unser Versteck und knöpfte seine Hose auf, um sein Wasser abzuschlagen. Er zog sein Ding, das dem meinen sehr ähnelte, nur daß der Nudelkopf an seinem gänzlich überdeckt war. Er zog die Pelle an seinem Ding zurück, um sein Geschäft zu verrichten. Dabei hatte er sein Hemd so hoch geschoben, daß man auch die Behaarung in seinen ›Niederlanden‹ sehen konnte; ebenso hatte er mit seinem Ding das daran hängende Gepäck mit herausgezogen, das er sich mit der linken Hand kratzte, während die rechte den Strahl dirigierte.

Bei diesem Anblick empfand ich die gleiche Langeweile wie Berthe, als ich sie auf die Waden der Landfrauen hingewiesen hatte. Jetzt aber war Berthe wiederum ganz Auge.

Die Mädchen am Weiher indessen taten so, als ob sie nichts sähen. Auch der zweite Knecht knöpfte seine Hose auf und ließ gleichfalls seinen Zapfen sehen, der kleiner war als der des ersten, aber schon halb entpellt und viel brauner. Als er anfing abzugießen, brachen die Mädchen in Lachen aus, und das Gelächter wurde noch schallender, als der dritte Knecht die gleiche Position einnahm.

In der Zwischenzeit war der erste fertig geworden, er zog die Pelle seines Kegelkopfes vollständig zurück, schüttelte sein Ding, damit auch ja kein Tropfen daran hängenbliebe, ging ein Stück in die Knie, um sein ganzes Paket da unten in die Hose zurückzubefördern, wobei er gleichzeitig ein weithin hörbares Rückseitenwettergrollen von sich gab, das er mit einem ›Ach‹ der Genugtuung begleitete. Unter den Mägden machte sich ein Kichern und Lachen breit, und sie sparten nicht mit derben Späßen.

Das Gelächter wurde allgemein, als sie die Genußwurzel des dritten Knechtes zu Gesicht bekamen. Dieser hatte sich quer auf solche Weise postiert, daß wir sein Ding ebenso sehen konnten wie die Mägde. Er hielt seine Spritze in die Höhe, daß der Strahl sehr hoch ging, was die Zuschauerinnen so zum Lachen brachte, daß sie sich die Seiten hielten. Sodann gingen die drei Knechte auf die Mägde zu, und eine von ihnen bespritzte den mit dem dümmlichen Gesicht mit Wasser. Der dritte Knecht sagte zu der brünetten Magd, die ihre Röcke wieder in Ordnung gebracht hatte, als die Männer auftauchten:

»Du kannst es verstecken, wie du willst, Ursule, ich habe schon gesehen, was dir so sehr am Herzen liegt!«

»Es gibt aber noch viele Dinge, die du noch nicht gesehen hast, Valentin! Und du wirst sie auch nie sehen!« entgegnete kokett das Mädchen.

»Glaubst du?« meinte Valentin, der in diesem Augenblick hinter ihr stand. Gleichzeitig ergriff er sie bei den Schultern und drückte sie nach hinten auf den Boden. Sie wollte ihre Füße aus dem Wasser ziehen, gab jedoch nicht acht, daß dabei ihr leichter dünner Rock und ihr Hemd nach oben rutschten, so daß sie sich in der gleichen Lage befand, in der ich vorher meine Schwester gesehen hatte. Leider dauerte dieser reizvolle Anblick nur einige Sekunden, aber doch wieder lange genug, daß Ursule, die schon kurz zuvor ein Paar vielversprechender Waden gezeigt hatte, zwei schöne Schenkel sehen ließ, mit denen sie Ehre einlegen konnte und die in einem prachtvollen Hintern endeten, dessen Rundungen nichts zu wünschen übrigließen. Zwischen den Schenkeln unter dem Bauch befand sich ein Busch schwarzer Haare, der ziemlich weit herunterreichte und die zwei hübschen Lippen ihrer Muschi umrahmte, doch an dieser Stelle waren die Haare nicht so dicht wie weiter oben, wo sie einen Raum bedeckten, den ich kaum mit der Hand hätte bedecken können.

»Na, Ursule, jetzt habe ich auch deine schwarze Katze gesehen!« rief Valentin ziemlich aufgeregt, und er nahm, ohne mit der Wimper zu zucken, die Schläge und Schimpfworte des jungen Mädchens hin, die nun wirklich in Zorn geraten war.

Der zweite Knecht wollte dasselbe mit einem anderen Mädchen tun wie Valentin mit Ursule.

Diese Magd war ein recht hübsches Mädchen, deren Gesicht, Hals und Arme so sehr mit Sommersprossen bedeckt waren, daß man kaum die natürliche Hautfarbe sehen konnte. Sie hatte auch welche auf ihren Beinen, doch dort spärlicher, dafür um so größere. Sie hatte kluge braune Augen und rote krause Haare. Sie war zwar in ihrer ganzen Erscheinung nicht allzu hübsch, wohl aber aufreizend genug, um bei einem Mann Begierden zu erregen. Und der

Knecht Michel schien diese Begierden zu spüren.

»Hélène«, sagte er zu ihr, »du müßtest eigentlich eine rote Hecke unten haben. Wenn sie aber schwarz ist, ist sie dir gestohlen worden.«

»Du altes großes Ferkel, du!« versetzte sie.

Er aber faßte sie, wie er es bei Valentin gesehen hatte. Sie hingegen war urplötzlich aufgesprungen, und statt daß er das zu sehen bekam, was er wollte, überschüttete sie ihn mit einem Hagel von Schlägen mitten ins Gesicht, daß ihm Hören und Sehen verging. Zwei andere Mägde standen ihrer Gefährtin bei und begannen gleichfalls, auf den Knecht einzuschlagen. Schließlich konnte er sich retten; laut fluchend und vom Lachen der Mägde verfolgt, setzte er seinen Kameraden nach.

Die Schar der Mägde hatte inzwischen ihr Fußbad beendet und war gegangen, nur Ursule und Hélène standen noch am Weiher und machten sich ebenfalls fertig, um zum Essen zu gehen. Aber zuvor wisperten sie sich noch irgend etwas ins Ohr; Ursule lachte auf einmal los, beugte dabei den Kopf herunter und schien sich zu zieren, während Hélène sie von unten ansah und den Kopf schüttelte.

Ursule schien darüber nachzudenken, was ihr die andere zugeflüstert hatte. Hélène schaute sich um und vergewisserte sich, daß niemand in der Nähe war, dann raffte sie plötzlich ihre Röcke vorn auf, hielt sie mit der linken Hand hoch, während sie mit der rechten zwischen ihre Schenkel fuhr, an die Stelle, wo man einen Busch von roten Haaren erblickte. An der Bewegung der Haare, die viel dichter waren als bei Ursule, konnte man sehen, daß sie die Lippen ihrer Rille zwischen ihren Fingern zusammendrückte, so daß das Dickicht ihres Unterwaldes den Blick versperrte. Ursule schaute ihr zu, ohne eine Regung zu zeigen. Mit einem Mal schoß aus diesem Dickicht von Haaren ein Strahl, doch statt sofort auf den Boden zu fließen, stieg er an und beschrieb einen Halbkreis. Das brachte Berthe in großes Staunen, die ebensowenig wie ich wußte, daß eine Frau auf diese Art Wasser lassen kann.

Das Ganze dauerte so lange, wie Valentin für sein Geschäft gebraucht hatte. Ursule war ganz erstaunt darüber und schien nicht übel Lust zu haben, es selbst zu probieren, doch sie verzichtete darauf, denn der zweite und letzte Glokkenschlag erklang, und die beiden liefen davon.

4

Als Berthe und ich ins ›Schloß‹ zurückkamen, fanden wir zwar bereits den Tisch gedeckt, doch meine Mutter und meine Tante waren mit ihren Vorbereitungen zum Essen noch nicht vollständig fertig. Während meine Schwester ihnen dabei zur Hand ging, las ich in dem uns von meinem Vater zugeschickten Journal von einem Vorfall, bei dem ein Monsieur X ein Mädchen Y vergewaltigt hatte. Da ich mit dem Wort ›vergewaltigen‹ nichts anzufangen wußte, suchte ich eine Erklärung im Lexikon und fand dort ›deflorieren‹. Jetzt war ich genauso klug wie zuvor, doch hatte ich einen Anlaß mehr zum Nachdenken.

Bald darauf setzte man sich zu Tisch, und gegen unsere sonstige Gewohnheit sprachen Berthe und ich kein einziges Wort miteinander, was meine Mutter und meine Tante in gehöriges Staunen versetzte, und sie sagten:

»Sie müssen sich wieder einmal in die Haare gekriegt haben.«

Wir hielten es für besser, unsere neuen intimen Erfahrungen unter dem Mantel der Verschwiegenheit zu halten. Meine Mutter erzählte inzwischen, wie sie die Zimmer für sich und Papa und für die Tante verteilt hatte. Die Schlafzimmer befanden sich in der ersten Etage, auch das für Kate und für Berthe bestimmte.

Meines lag im Erdgeschoß hinter einer Treppe, die zu einer Bibliothek führte. Ich stieg also zur Bibliothek hoch, wo ich eine Menge alter Bücher, aber auch einige neuere entdeckte. Daneben befand sich das für den Geistlichen vorbereitete Schlafzimmer. Dieser Raum war von der Kapelle durch einen Korridor getrennt. Und in der Kapelle, gleich neben dem Altar, waren zwei breite Logen eingebaut, in denen die früheren Besitzer der Messe beigewohnt hatten. Im Hintergrund einer dieser Logen stand ein Beichtstuhl für die Herrschaft, während ein anderer hinten in der Kapelle für die Bedienten aufgestellt war. Ich hatte das im Laufe des Nachmittags erkunden können, allerdings allein, denn Berthe hatte den Frauen bei der Hausarbeit helfen müssen, und ich hatte kaum

Zeit gehabt, ihr einen Kuß zu geben und ihr meine Dienste anzubieten.

Mehrere Tage vergingen so, ohne daß irgend etwas Besonderes passierte.

Berthe war noch immer damit beschäftigt, den Frauen bei der Einrichtung der Zimmer zu helfen.

Da draußen das Wetter schlecht war, hielt ich mich zumeist in der Bibliothek auf, wo ich die angenehme Überraschung erlebte, einen anatomischen Atlas aufzustöbern, in dem alle Teile des Körpers von Mann und Frau ganz naturgetreu abgebildet und beschrieben waren. In diesem Buch fand ich auch die Beschreibung der Schwangerschaft und aller Phasen der Entbindung, von denen ich bisher nichts wußte.

Dies interessierte mich um so mehr, da die Frau des Gutsverwalters gerade in anderen Umständen war und ihr dicker Bauch meine lebhafte Neugierde weckte.

Ich hatte sie darüber mit ihrem Mann sprechen hören, denn ihre Wohnung lag im Erdgeschoß, genau neben meinem Schlafzimmer, auf der Seite, die zum Garten ging.

Selbstverständlich hatte ich die Ereignisse jenes für mich denkwürdigen Tages nicht vergessen, da ich meine Schwester, die Mägde und Knechte unten herum nackt gesehen hatte. Dies ging mir nicht aus dem Sinn, im Gegenteil, ich dachte unaufhörlich daran, und jedesmal richtete sich dabei mein Piephahn fest und steif auf. Ich beschaute ihn mir genau und spielte an ihm herum. Das Vergnügen, das ich dabei genoß, ihn zu befingern, stachelte mich dazu an, es immer und immer wieder zu tun.

Wenn ich im Bett lag, amüsierte ich mich damit, mich auf den Bauch zu legen und am Bettlaken zu reiben. Die Gefühle, die ich dabei empfand, wurden von Tag zu Tag hitziger. Auf diese Weise verbrachte ich eine Woche.

Eines Tages saß ich in dem alten Ledersessel der Bibliothek, den Atlas aufgeschlagen vor mir mit der Seite, wo die Geschlechtsteile der Frau abgebildet waren, und bekam einen solchen Ständer, daß ich meine Hose aufknöpfte und meinen Hemdspreizer herausholte. Kaum war er draußen, da stand er auch schon barhäuptig da. Ich war übrigens damals sechzehn Jahre alt und fühlte mich ganz als Mann. Meine Haare da unten, dichter geworden, ähnelten nunmehr einem schönen Bart. An jenem Tage fühlte ich durch das Polieren eine so tiefe unbekannte

Wollust, daß ich keuchend nach Luft schnappen mußte. Ich drückte meinen Hahnemann mit der ganzen Hand, ließ dann mal wieder los, rieb die Pelle vor und zurück, entblößte seinen Kopf so weit, wie es ging, kitzelte das an ihm hängende Gepäck und mein hinteres Spundloch; sodann betrachtete ich meinen blankgezogenen Säbel: er war dunkelrot und glänzte, als wäre er lackiert.

Dies verursachte mir eine unaussprechliche Lust; so war ich schließlich hinter das Hand-Werk der Selbstbefriedigung gekommen. Ich rieb also meinen Lustzapfen gleichmäßig und im entsprechenden Takt, so daß mir mit einem Male etwas geschah, was ich noch nicht kannte.

Ich empfand ein unsägliches Gefühl der Wollust, das mich zwang, meine Beine weit von mir zu strecken und sie gegen die Füße des Tisches zu stemmen, während sich mein Körper nach hinten gegen die Lehne des Sessels drückte.

Ich fühlte, wie mir das Blut zu Kopfe stieg, mein Atem ging stoßweise, ich mußte die Augen schließen und den Mund öffnen, um Luft zu bekommen. In diesem kurzen Augenblick schossen mir eine Unzahl von Gedanken und Bildern durch den Kopf. Meine Tante, vor der ich splitterfasernackt gestanden hatte; meine Schwester, deren niedliche kleine Mizzi ich mir genau angesehen hatte; die beiden Mägde mit ihren stämmigen Schenkeln; das alles zog an meinem inneren Auge vorbei. In dem Maße, wie ich mir das vorstellte, bearbeitete ich meinen Knüttel mit der Hand schneller, und plötzlich ging es mir wie ein elektrischer Schlag durch den ganzen Körper.

›Tante, Berthe, Ursule, Hélène! …‹ Ich spürte, wie mein Hahnemann anschwoll, und aus der dunkelroten Spitze spritzte eine Art weißlicher Glibber hervor, zuerst in einem langen Strahl, dann folgten ruckartig weniger starke Spritzer. Zum ersten Male in meinem Leben hatte ich entladen. Danach erschlaffte mein Rüssel zusehends. Nun aber beschaute ich mir mit Neugier und Interesse die Flüssigkeit, von der meine Hand beschmiert war. Sie fühlte sich wie Eiweiß an und sah auch so ähnlich aus, doch war sie klebrig wie Leim. Ich kostete mit der Zunge und fand, daß sie auch wie rohes Ei schmeckte. Schließlich schüttelte ich die Tropfen ab, die noch vorn an meinem Pimmel hingen, der völlig in sich zusammengeschrumpft war und den ich mit meinem Hemd säuberte.

Durch meine bisherige Lektüre in dem anatomischen Atlas wußte ich, daß ich soeben onaniert hatte. Ich suchte das Wort im Lexikon und fand einen langen Artikel darüber, wo alles so in Einzelheiten abgehandelt wurde, daß auch derjenige, der davon nicht die geringste Ahnung hatte, es unweigerlich begriffen hätte. Die Lektüre dieses Artikels erregte mich aufs neue, so daß die Erschlaffung nach meiner ersten Sturmflut vergessen war. Ein mächtiger Hunger hingegen war die Folge dieser meiner neuen Tätigkeit. Bei Tische staunten meine Mutter und meine Tante über meinen übermäßigen Appetit, doch sie schrieben ihn meinem Wachstum zu.

In der Folgezeit bemerkte ich, daß die Selbstbefriedigung Ähnlichkeit mit der Trunksucht hatte, denn je mehr ich davon kostete, desto größer wurde mein Durst. So stand mein Lustschlauch nie still, und ich hatte nichts anderes im Sinn, als an die wollüstigen Gefühle zu denken, die mir meine erhitzte Phantasie eingab. Aber die Freuden, wie sie einst Onan genossen, konnten mich auf die Dauer nicht befriedigen. Ich dachte nur noch an Frauen, und es schien mir schade, meinen Saft für nichts und wieder nichts zu verschwenden. Mein Pfeifenkopf wurde immer brauner, mein Brunstbusch entwikkelte sich zu einem stattlichen Haarwald; ich hatte den Stimmbruch hinter mir, und meine Stimme wurde tiefer, und über der Oberlippe begann mir ein kleines Bärtchen zu sprießen. So nahm ich wahr, daß mir zum Manne fast nichts mehr fehlte … außer der ›Coitus‹, ein Wort aus den Büchern, das mir noch Rätsel aufgab.

Allen Frauen des Hauses waren die Veränderungen aufgefallen, die mit mir vorgegangen waren, und von da an wurde ich nicht mehr wie ein kleiner Junge behandelt.

5

Der Feiertag des heiligen Patrons der Schloßkapelle war gekommen, und dies war Anlaß zu einem großen Fest, dem eine Beichte der Bewohner des Schlosses voranging.

Meine Mutter hatte beschlossen, an diesem Tag die Beichte abzulegen, und meine Tante beabsichtigte, das gleiche zu tun; die übrigen Bewohner durften nicht zurückstehen. Ich selbst hatte mich für krank ausgegeben und hütete seit dem Abend zuvor das Bett, damit meine vorgebliche Krankheit keinerlei Verdacht erregte.

Der Kapuziner war angekommen und hatte mit uns zu Mittag gegessen. Danach hatte man den Kaffee im Garten eingenommen, und nur ich allein blieb zurück, nachdem Kate den Tisch abgeräumt hatte. Da mir die Zeit lang wurde, stahl ich mich in die Bibliothek, wo ich eine versteckte Tür entdeckte, die mir bislang noch verborgen geblieben war. Sie führte zu einer engen, dunklen Geheimtreppe, auf die nur etwas Licht aus einem kleinen runden Fenster am Ende des Ganges fiel, zu dem sie führte.

Auf dieser Treppe gelangte man in die Kapelle, und hinter der verriegelten Tür, die verrostet war, weil sie seit langer Zeit nicht mehr benutzt wurde, hörte ich die Stimme des Kapuziners, der meiner Mutter sagte, daß er ihr am kommenden Tag an dieser Stelle die Beichte abnehmen würde. Die Holzwand, an der der Beichtstuhl direkt angebracht war, war so dünn, daß man jedes Wort genau verstehen konnte.

Ich dachte mir, daß diese Treppe in vergangenen Jahrhunderten von einem eifersüchtigen Ehemann angebracht sein mußte, der die Beichte seiner Frau mit anhören wollte.

Am nächsten Tage, nachdem ich meinen Kaffee getrunken hatte, kam die Frau des Gutsverwalters, um mein Zimmer aufzuräumen. Ich habe schon erwähnt, daß sie schwanger war, und so konnte ich in aller Ruhe die ungeheure Wölbung ihres Bauches sehen, ebenso die ungewöhnliche Schwellung ihrer Brüste, deren Hinundherwippen man unter der leichten Bluse, die sie trug, gut verfolgen konnte.

Diese Frau war freundlich und hatte ein recht hübsches Gesicht. Früher war sie einmal Dienstmädchen im Schloß gewesen, bis der Gutsverwalter sie beschlafen und dann geheiratet hatte.

Ich hatte wohl schon Frauenbrüste auf Bildern und Statuen gesehen, aber noch niemals in Wirklichkeit.

Die Frau Verwalterin schien es heute eilig zu haben, denn sie hatte nur einen Knopf ihrer Bluse geschlossen, und so kam es, daß dieser Knopf, als sie sich herunterbeugte, um mein Bett zu machen, aufsprang und ich ihre ganze Brust zu sehen bekam, da sie ein sehr tief ausgeschnittenes Hemd trug.

Mit einem Satz war ich bei ihr und sagte:

»Madame, Sie werden sich erkälten!«

Ich tat so, als wollte ich ihr die Bluse wieder zuknöpfen, statt dessen löste ich das Bändchen, das ihr Hemd auf den Schultern hielt. Im selben Augenblick sprangen jedoch die beiden Brüste aus ihrem Versteck, und ich spürte ihren Umfang und wie fest sie waren.

Die Duttelwarzen, die sich inmitten einer jeden befanden, standen steif nach vorn, sie waren rot und von einem breiten und bräunlichen Bützenring umgeben.

Diese Brüste waren ebenso fest wie ein Paar stramme Schenkel, und wie ich sie mit meinen Händen ein wenig preßte, hätte ich meinen können, sie wären der Hintern eines hübschen jungen Mädchens.

Die Verwalterin stand vor Verwunderung unbeweglich und ohne Worte zu finden da, so daß ich Zeit hatte, bevor sie sich von ihrem Staunen erholt hatte, diese Brüste nach Belieben zu küssen.

Sie roch nach Schweiß, doch auf eine recht angenehme Art, die mich erregte. Es war dieser gewisse, den Frauen eigene Geruch, jener odor di femina, der, ich habe es später erfahren, von ihrem Körper ausgeht und der, je nach seiner Art, je nach Stimmung oder Temperament, Lust oder Abscheu erregt.

»Oh! Ah! Was denken Sie sich! Nein … das gehört sich nicht … ich bin eine verheiratete Frau … für nichts in der Welt …« So sprach sie, während ich sie zum Bett drängte. Ich hatte meinen Morgenmantel geöffnet, mein Hemd gehoben und brachte ihr meinen Lausewenzel zum Vorschein, der sich in einer schrecklich aufgeregten Verfassung befand.

»Lassen Sie mich, ich bin schwanger, junger

Herr! Wenn uns jemand überrascht!« rief sie ängstlich. Zwar wehrte sie sich noch, doch ihr Widerstand wurde zunehmend schwächer.

Im übrigen, muß ich sagen, ließ sie keinen Blick von meinem Ständer. Sie stützte sich gegen das Bett, auf das ich mich mühte, sie zum Liegen zu bringen.

»Sie tun mir weh!« stöhnte sie.

»Schöne Dame«, versetzte ich, »niemand sieht uns, niemand hört uns, also?« Nach diesen Worten setzte sie sich auf das Bett. Ich half etwas nach, dann wurde sie schwach, gab nach, legte sich auf den Rücken und schloß die Augen.

Meine Erregung kannte keine Grenzen mehr. Ich schob ihre Röcke hoch, ebenso das Hemd und sah vor mir zwei schöne Schenkel liegen, die mich noch mehr entzückten als die der Mägde. Oben zwischen ihren zusammengepreßten Schenkeln erblickte ich einen kleinen Busch kastanienbrauner Haare, doch konnte ich darinnen keine Spalte erkennen.

Ich ließ mich auf die Knie nieder, nahm ihre Schenkel, betastete sie von allen Seiten, streichelte sie, legte meine Wangen darauf und überhäufte sie mit Küssen. Von den Schenkeln glitten meine Lippen zur Mooskuppe, die nach

Pipi roch, was mich noch mehr in Erregung versetzte. Danach schob ich ihr Hemd noch weiter nach oben und betrachtete mit Erstaunen ihren ungeheuren Bauch, dessen Nabel hervorstand, statt wie bei meiner Schwester ein Loch zu bilden. Diesen Nabel fand ich verführerisch und leckte an ihm. Die Verwalterin blieb währenddessen unbeweglich liegen; ihre Brüste hingen ihr zur Seite herunter. Ich hob einen ihrer Füße in die Höhe und legte ihn quer auf das Bett. Dabei bekam ich ihr Freudental zu Gesicht. Zuerst erschrak ich ein wenig, als ich die zwei großen dicken und angeschwollenen Lippen sah, die nicht mehr rot waren, sondern ins bräunliche gingen.

Ihr schwangerer Bauch ließ mich diesen Anblick auf das vollständigste genießen. Ihre Schamlippen waren geöffnet, und im Innern derselben, das ich mir genau beschaute, erblickte ich eine ganze Fleischmulde von schönem saftigen Rot.

Unterhalb der großen Schamlippen zeigte sich das Pipiloch, und ganz oben waren sie überragt von einem kleinen Wulst, der Klitoris, wie ich mir sagte, nach dem, was ich aus dem anatomischen Atlas wußte.

Der oberste Teil der Spalte verlor sich in Haaren, die den maßlos großen Venusberg bedeckten. Die Lippen hingegen waren fast gänzlich ohne Haare, und die Haut zwischen den Schenkeln war feucht und vom Schweiß etwas gerötet.

In Wirklichkeit war der Anblick zwar nicht so bewundernswert, doch gefiel er mir damals so sehr, da diese Frau recht ansehnlich und sauber war. Ich konnte mich nicht enthalten, meine Zunge in die Spalte zu stecken, sie schnell aus- und einzufahren und an dem oberen Begeisterungsknöpfchen zu nuckeln, das unter meiner leidenschaftlichen Schleckerei immer härter wurde.

Dieses Schlecken ermüdete bald meine Zunge, so daß ich sie durch einen Finger ersetzte, bis die Spalte sehr feucht wurde. Daraufhin nahm ich mir die Brüste vor, deren Warzen ich in den Mund nahm und an ihnen abwechselnd saugte. Indessen hatte jedoch mein Zeigefinger nicht aufgehört, an ihrem Begeisterungsknöpfchen zu reiben, das dabei immer härter und größer wurde. Bald war es so groß und dick wie mein kleiner Finger.

In diesem Augenblick kam die Verwalterin wieder zu vollem Bewußtsein und brach in Tränen aus, doch änderte sie dabei keineswegs die Lage, die ich ihr aufgezwungen hatte. Ich empfand zwar ein wenig Mitleid mit ihrem Kummer, aber meine Sinne waren zu aufgeputscht, um mich wirklich darum zu kümmern. Ich sagte ihr ein paar schmeichelhafte Worte, um sie zu trösten, schließlich versprach ich ihr auch noch, Pate des Kindes zu sein, das sie erwartete.

Zum Schluß griff ich in das Schubfach meines Nachtschränkchens und zog etwas Geld heraus, das ich der Frau gab, was ihre Verwirrung beruhigte. Dann zog ich mein Hemd aus, empfand jedoch eine gewisse Scham, so gänzlich nackt vor einer Frau zu stehen, zumal vor einer verheirateten und schwangeren.

Ich überwand aber diese Scham, nahm darauf die feuchte Hand der Verwalterin und gab ihr meinen Stehgreif in dieselbe. Diese ihre Handgreiflichkeit verschaffte mir in der Tat ein außergewöhnliches Gefühl. Zuerst drückte sie ihn sanft, dann schon etwas stärker. Ich meinerseits umspannte ihre beiden Brüste, die meine Blicke wie magisch anzogen.

Ich küßte sie auf den Mund, den sie mir mit Eifer hinhielt.

Alles in mir drängte zur Wollust, und so plazierte ich mich zwischen die Schenkel der sitzenden Verwalterin, doch da rief sie:

»Nicht auf mich legen, das tut mir weh! Ich kann es mir nicht mehr von vorn machen lassen!«

Nach diesen Worten stand sie vom Bett auf, drehte mir den Rücken zu und beugte sich dabei nieder, das Gesicht aufs Bett gedrückt. Bei alledem verlor sie kein Wort, wie ich es anstellen sollte. Mein Instinkt jedoch gab mir des Rätsels Lösung, auch erinnerte ich mich, einmal zwei Hunde in dieser Stellung am Werke gesehen zu haben. Ich nahm mir also sogleich Medor als Vorbild und streifte das Hemd von Diane, so hieß die Verwalterin mit Vornamen, hoch. Was für einen Hintern hatte ich da vor meinen Augen! Einen, wie ich ihn mir hätte niemals träumen lassen! War der von Berthe anmutiger und zierlicher, so war er doch gegen den, den ich nun vor mir hatte, ohne jegliche Bedeutung. Meine zwei Rückentrommeln zusammen machten nur die Hälfte einer Hemisphäre dieses Prachtgesäßes aus, dessen Fleisch übrigens überaus fest und stramm war. Wie die Brüste und die schöngeformten Schenkel war er von blendender Weiße.

In der Spalte wuchsen blonde Haare, und diese Spalte teilte tief diesen erstaunlichen Hintern in zwei herrliche und imposante Halbkugeln. Unterhalb des gigantischen Gesäßes, also zwischen den Schenkeln, lugte der mollige und saftige Brunstwinkel hervor, den ich mit meinem schmeichlerischen Finger bereits durchstöbert hatte.

Ich drückte mich mit meiner Brust gegen den nackten Hintern der Frau und versuchte, mit meinen Armen ihren Bauch, der majestätisch wie ein Globus herunterhing, zu umfassen. Aber vergebens! Also umfaßte ich dafür ihre Schenkel, an denen ich meinen Ständer rieb. Doch noch war meine Neugierde nicht befriedigt! Ich zog ihre Schenkel auseinander und inspizierte das Hintertürchen. Es war genauso ausgestülpt und braun wie der Nabel, doch sehr sauber. Ich steckte ihr meinen Finger hinein, doch im selben Augenblick wich sie mit einer Bewegung aus. Da ich fürchtete, ihr weh zu tun, bestand ich nicht darauf und ließ es sein. Statt dessen steckte ich meinen glühenden Bohrer in ihr Hügeldepot wie ein Messer in eine volle Butterdose. Sodann begann ich wie ein wütender Teufel in die Hölle ein- und auszufahren, wobei mein Bauch jedesmal gegen ihren elastischen Hintern klatschte. Diese Bewegungen brachten mich völlig außer Rand und Band. Bald wußte ich nicht mehr, was ich tat, und kam somit auf den Höhepunkt der Wollust, indem ich zum ersten Mal in meinem Leben meinen Begeisterungssaft in den Schoß einer Frau ergoß.

Nach der Entladung wollte ich in dieser Stellung verweilen, doch die Verwalterin drehte sich herum und bedeckte schamhaft wieder ihre Blöße. Während sie ihr Hemd zuknöpfte, hörte ich ein leises ›plitsch-platsch‹. Es war mein Wonnekleister, der aus ihrem Schoß auf den Fußboden tropfte. Sie schmierte mit dem Fuß die Tropfen auf dem Boden breit und säuberte sich mit dem Hemd zwischen ihren Schenkeln.

Als sie mich dann vor sich stehen sah, den halbaufgerichteten Schwengel rot und feucht, da lächelte sie, nahm ihr Taschentuch und trocknete ihn sorgfältig sauber, ihn, der sie so köstlich bewirtet hatte.

»Ziehen Sie sich bitte an, Monsieur Roger!« sagte sie. »Ich muß jetzt unbedingt gehen! Aber um Himmels willen, niemand darf jemals etwas davon erfahren«, fügte sie errötend hinzu, »was hier zwischen uns geschehen ist, andernfalls würde ich Sie nicht mehr lieben können.«

Ich drückte sie an mich, wir gaben uns zwei Küsse, dann mußte sie gehen. Ich stand allein, noch überwältigt von einer Flut neuer Gefühle, und hätte darüber fast die Beichte zu dieser Stunde vergessen.

6

So leise wie möglich tappte ich durch den engen, dunklen Korridor. Zu diesem Zwecke hatte ich Filzschuhe angezogen. So kam ich schließlich zu der dünnen Holzwand und hatte bald die Stelle gefunden, wo man am besten alles mit anhören konnte. Der Kapuziner hatte es so eingerichtet, daß immer nur die Person, die beichtete, vor dem Sprechgitter blieb, während die anderen, die auf die Beichte warteten, sich weiter weg in der Kapelle aufhielten.

Aus diesem Grunde brauchte man auch nicht seine Sünden zu flüstern, sondern konnte in normaler Lautstärke sprechen. Auf diese Weise war das Zwiegespräch sehr deutlich zu hören. Ich merkte an der Stimme, daß ein Bauer am Beichtstuhl hockte. Die Beichte mußte bereits seit geraumer Zeit im Gange sein, denn ich hörte den Kapuziner folgendes sagen:

Beichtvater: »Du sagst also, daß du auf dem Abort immer mit deinem Glied dein Spiel treibst? Warum machst du das, wie lange geht das schon und wie oft treibst du das?«

Bauer: »So im allgemeinen zweimal die Woche; aber manchmal auch jeden Tag; eigentlich so oft, bis es mir kommt. Ich kann nichts dagegen tun; es ist eben stärker als ich und überkommt mich so.«

Beichtvater: »Und mit Frauen hast du es niemals gemacht?«

Bauer: »Ein einziges Mal mit einer Alten.«

Beichtvater: »Erzähle mir das und verbirg mir nichts!«

Bauer: »Einmal, da war ich mit der alten Rosalie auf dem Heuboden. Und da habe ich ihn hochgekriegt und habe dann gesagt: ›Rosalie, wie lange ist es her, daß du keinen Mann mehr gehabt hast?‹ Sie hat mir geantwortet: ›O du Ferkel, hält das der Mensch für möglich! Das ist mindestens vierzig Jahre her. Und ich will auch keinen mehr. Ich bin schon sechzig!‹ ›Darauf ich: ›Ach geh, Rosalie, ich möchte ja nur mal 'ne nackte Frau sehen; also zieh dich aus!‹ Aber sie sagte: ›Nein, nein, ich traue dem Ganzen nicht, der Teufel könnte kommen!‹

Darauf ich wieder: ›Das letzte Mal, als du es gemacht hast, ist er ja auch nicht gekommen!‹ Alsdann habe ich die Leiter hochgezogen, so daß niemand heraufsteigen konnte. Danach habe ich meinen Bolzen aus der Hose gezerrt und ihn ihr gezeigt. Sie hat ihn sich angeschaut und gesagt: ›Der ist ja noch viel größer als der von meinem Schweinekerl Jean!‹ Und ich: ›Rosalie, jetzt will ich aber deine Klumse sehen!‹ Aber sie hat sie mir nicht zeigen wollen. Da habe ich ihr einfach die Röcke über den Kopf gezogen und konnte sie gut sehen ...‹

Beichtvater: »Also weiter, was war dann?«

Bauer: »Sie hatte eine recht große Klumse unterhalb des Bauches, und die war violett wie eine späte Zwetschke. Darüber hatte sie einen Busch grauer Haare.«

Beichtvater: »Danach habe ich dich nicht gefragt, sondern was du gemacht hast.«

Bauer: »Ich habe meinen Stengel bis zum Zwiebelbeutel reingesteckt, aber der paßte nicht mit hinein! Sobald ich ihn ihr hineingesteckt hatte, hat Rosalie angefangen, ihren Bauch nach vorn und rückwärts zu bewegen, und hat mir zugerufen: ›Nimm mich unter dem Sterz, du Schwein! Halte dich dort mit den Händen und bewege dich wie ich!‹ So haben wir uns beide hin und her bewegt, so daß ich bald in Hitze kam, und Rosalie sich, mit Respekt zu sagen, dermaßen warf, daß sie fünf- oder sechsmal entladen hat. Dann habe ich, mit Verlaub, auch einmal entladen. Als es mir kam, hat Rosalie zu schreien begonnen: ›Schwein du, presse mich fest, denn es kommt, es kommt!‹ Und da ist es mir noch einmal gekommen. Aber man hat sie entlassen, weil eine Stallmagd uns gehört und alles verraten hatte. Und deshalb habe ich auch keine Lust, den jungen Mädchen nachzulaufen.«

Beichtvater: »Das sind ja schöne Todsünden! Was hast du sonst noch auf dem Gewissen?«

Bauer: »Ich habe immerzu an Rosalie denken müssen. Eines Tages war ich im Kuhstall, während die Mägde anderswo beim Essen waren. Da merkte ich, daß eine Kuh brünstig war. Ich denke mir also: ›Die von der Kuh hinten ist fast genauso wie die von Rosalie; also ziehe ich mein Ding aus der Hose und will ihn der Kuh reinstecken; die hat aber nicht so stillgehalten wie Rosalie. Ich habe mein Ding aber trotzdem steifgehalten und der Kuh den Schwanz gehoben. Erst dann konnte ich ihn bei ihr reinbringen; und das hat mir mehr Freude gemacht als mit Rosalie, nur daß die Kuh, mit Verlaub zu sagen, dabei hat misten müssen, so daß mein Gemächte und meine Hosen davon völlig verdreckt wurden. Und deshalb habe ich auch keine Lust mehr gehabt nach Zärtlichkeiten.«

Beichtvater: »Ja, aber wie kommst du darauf, es mit Tieren zu treiben?«

Bauer: »Ach, Ehrwürden, unser Schäfer treibt es ja auch immer mit seinen Ziegen, und unsere Magd Lucie hat sich eines Tages im Stall hingelegt, mit dem großen Gänserich zwischen den Schenkeln, weil es so gut dort unten am Bauch tut, hat sie ihrer Nachbarin erzählt, die es dann auch einmal probiert hat.«

Was er dann noch beichtete, war für mich ohne Interesse. Ich verließ mein Versteck und machte mich schnell in die Kapelle, um zu sehen, wer der arme Sünder war. Wie groß aber war mein Erstaunen, als ich in ihm den Knecht mit dem dümmlichen Gesicht erkannte, der damals am Teich wie ein Schafskopf das Gelächter und die Scherze der schönen Mägde hatte über sich ergehen lassen.

Er war der letzte der Männer, die zur Beichte gingen. Dann sah ich, wie meine Mutter aufstand, um zum Beichtstuhl zu gehen. Neben ihr knieten in der Kirchenbank meine Tante und die verführerische Kate. Dahinter warteten Mägde auf die Beichte. Überrascht war ich jedoch, daß ich meine Schwester Berthe nicht in der Kapelle sah. Auch die Verwalterin sah ich nicht, aber sie war wegen ihrer fortgeschrittenen Schwangerschaft von der Beichte dispensiert worden.

Die Sünden meiner Mutter waren sehr unerheblich, für mich jedoch nicht ohne Interesse.

»Ich habe Ihnen, ehrwürdiger Vater, eine Frage zu stellen«, sagte sie zu dem Kapuziner, nachdem sie ihre kleinen alltäglichen Sünden aufgezählt hatte. »Mein Mann verlangt seit einiger Zeit so seltsame Sachen von mir. In unserer Hochzeitsnacht hatte er mich nackt ausgezogen und hat das dann von Zeit zu Zeit wieder mit mir gemacht. Jetzt aber will er mich immer nur noch nackt sehen, und überdies hat er mir ein altes Buch gezeigt, dessen Verfasser ein Mann der Kirche war und in dem, unter anderen Sachen, auch dies geschrieben stand: ›Die Eheleute müssen den Beischlaf gänzlich nackt ausführen, auf daß sich der Samen des Mannes viel inniger mit dem des Weibes mischt.‹

Jetzt habe ich Gewissensbisse deswegen, und sie sind mir immer mehr gekommen, je älter ich wurde.«

Beichtvater: »Dieses Buch ist im Mittelalter geschrieben worden. Hemden unter den Kleidern zu tragen war dazumals noch nicht überall üblich. Nur Personen von Stand trugen welche. Die gemeinen Leute schliefen ohne Hemd im ehelichen Bett, und in manchen Gegenden besteht dieser Brauch auch heute noch. Unsere Bäuerinnen zum Beispiel schlafen alle nackt, vor allem wegen der Läuse. Die Kirche sieht dies nicht gern, aber sie verbietet es nicht ausdrücklich.«

Meine Mutter: »Dann bin ich ja ganz beruhigt. Aber hinzu kommt, mein Mann läßt mich dabei gewisse Stellungen einnehmen, über die ich mich schäme. Letzthin hat er von mir verlangt, daß ich mich nackt auf allen vieren niederlasse, und er hat mich dann von hinten betrachtet. Jedesmal will er dann, daß ich nackt so im Schlafzimmer herumkrieche. Aber nicht genug damit! Mit einem Stöckchen dirigiert er mich, indem er kommandiert: ›Vorwärts, marsch!‹ oder ›Halt!‹ Oder auch: ›Rechts um, links um!‹ Er behandelt mich wie beim Exerzieren.«

Beichtvater: »Das müßte eigentlich unterbleiben, doch wenn Sie es nur aus Gehorsam zu Ihrem Mann tun, begehen Sie damit keine Sünde.«

Meine Mutter: »Ach ja! Ich habe noch etwas auf dem Herzen; aber ich schäme mich, es zu sagen.«

Beichtvater: »Es gibt keine Sünden, die nicht vergeben werden können, meine Tochter. Erleichtern Sie Ihr Gewissen!«

Meine Mutter: »Mein Mann will mich immerzu von hinten nehmen und führt sich in einer Art auf, daß ich beinahe vor Scham das Bewußtsein verliere. Letztens erst fühlte ich, wie er mir mit seinem mit Pomade eingefetteten Finger in ... in ... in mein Puhlloch eindrang. Wie ich zurückweiche und aufstehen will, beruhigt er mich, aber ich fühle, wie er seinen Männerpfahl bei mir einführt. Das hat zuerst ganz schön weh getan, aber ich weiß nicht warum, nach einem Augenblick war es mir angenehm. Als er damit fertig war, hatte ich das gleiche Lustgefühl, wie wenn er es auf natürlichem Wege getan hätte.« (Das übrige wurde mit zu leiser Stimme geflüstert, so daß ich es nicht verstehen konnte.)

Beichtvater: »Das ist Sünde. Schicken Sie mir Ihren Mann zur Beichte!«

Der Rest der Beichte war für mich nicht interessant. Gleich darauf nahm aber meine Tante den Platz meiner Mutter ein, und ich hörte ihre wohlklingende Stimme. Zuerst beschuldigte sie sich, was ich nicht begreifen konnte, oft die Beichte vernachlässigt zu haben. Doch ganz verdutzt war ich, als sie ganz leise und zögernd hinzufügte, daß sie, die bisher ganz ohne Gelüste des Fleisches gelebt hatte, Liebesregungen gefühlt hat, während sie ihren kleinen Neffen beim Baden gesehen hatte, und daß sie seinen Körper sinneslüstern berührt hatte, aber doch noch beizeiten ihre widernatürliche Schwäche hatte zurückdrängen können. Nur ein einziges Mal, als ihr Neffe schlief und dabei die Bettdecke von seinem Körper gerutscht sei und seine ganze kleine Männlichkeit zu sehen war, hätte sie ihn lange betrachtet und sogar seinen Piephahn in den Mund genommen. Sie beichtete das alles unter großem Zögern. Man hätte meinen können, die Worte wollten nicht von ihrer Zunge. Wie ich das so erfuhr, fühlte ich eine außerordentliche Erregung.

Beichtvater: »Haben Sie niemals mit Männern gesündigt oder sich niemals ganz allein befriedigt?«

Meine Tante: »Ich bin noch jungfräulich, Ehrwürden, wenigstens was den Umgang mit Männern angeht. Ich habe mich oft splitternackt im Spiegel beschaut und dabei mit der Hand an meinen Schamteilen gerieben. Einmal... (Sie zögerte.)

Beichtvater: »Nur Mut, meine Tochter! Vor Ihrem Beichtvater dürfen Sie keine Geheimnisse haben.«

Meine Tante: »Einmal sagte meine Schwester zu mir: ›Unser Dienstmädchen verbraucht so viele Kerzen; sicherlich liest sie abends in ihrem Bett Romane und wird uns eines Tages noch einmal das Haus über dem Kopf anzünden. Dein Zimmer liegt neben dem ihren, hab doch einmal ein Auge auf sie!‹ Und so habe ich getan, und zwar noch am selben Abend, als ich Licht in ihrem Zimmer sah. Ich habe vorsichtig die Tür geöffnet und bin auf leisen Sohlen in Kates Zimmer getreten. Ich sah sie am Boden sitzen, den Rücken mir zur Hälfte zugekehrt, und sich ein wenig zu ihrem Bett neigen. Vor sich hatte sie einen Stuhl, auf dem ein Spiegel stand, und rechts und links vom Spiegel brannten zwei Kerzen. Kate war im Hemd, und ich konnte deutlich im Spiegel sehen, daß sie mit beiden Händen etwas langes Weißes hielt, das sie zwischen ihren breit gespreizten Schenkeln auf und nieder bewegte. Dabei stöhnte sie tief auf, und es schüttelte sie am ganzen Körper. Mit einem Male hörte ich sie ausrufen: ›Oh, oh, ah! Wie gut das tut.‹ Sie neigte ihren Kopf nach hinten, schloß die Augen und schien gänzlich ohne Bewußtsein. Als ich daraufhin eine Bewegung zu ihr hin machte, sprang sie plötzlich auf, und ich sah, daß sie eine Kerze in der Hand hielt, die fast völlig in ihr steckte. Sie erklärte mir darüber, daß sie das gemacht habe, weil sie an ihren Liebsten gedacht hatte, der seinen Militärdienst ableisten muß. Ich war ganz verblüfft, daß man das so machen konnte, aber sie flehte mich an, davon nichts zu verraten. Ich verließ ihr Zimmer, doch der Anblick, wie das Mädchen sich mit der Kerze selbst befriedigte, hatte mich dermaßen beeindruckt und ging mir nicht mehr aus dem Sinn, daß ich mich seitdem, ehrwürdiger Vater, nicht enthalten konnte, das gleiche selbst zu probieren, ja, und seit diesem Tage, leider, habe ich es wieder und wieder getan. Ja, ich bin sogar noch tiefer gesunken, Ehrwürden! Oft habe ich mein Hemd gehoben und mir in verschiedenen Stellungen, nach dem Beispiel des Mädchens, sträfliche Lüste verschafft.«

Der Beichtvater hatte sich alles, ohne sie zu unterbrechen, angehört, ihr dann empfohlen zu heiraten und erteilte ihr schließlich die Absolution.

Der Leser wird sich leicht vorstellen können, was Kate gebeichtet hat, nach dem, was meine Schwester schon berichtet hat und dem, was meine Tante soeben dem Beichtvater erzählte.

Ich begriff nach alledem, daß Kate mehr denn je einen Mann bitter nötig hatte und deshalb ihre Zuneigung zu Berthe, als Ersatz, immer mehr wuchs. Oft schliefen sie nackt zusammen in einem Bett, und es geschah nicht selten, daß sie ihre Hintern im Spiegel verglichen, nachdem sie sie mit eigenen Augen betrachtet hatten.

Die Beichten, die die Mägde ablegten, waren ganz einfach. Sie hatten sich von den Knechten stemmen lassen, doch ohne jegliche Raffinesse, oder sie hatten keinen Knecht in ihre Kammer gelassen, wo sie zusammen nackt schliefen.

Doch während die großen Manöver in unserer Gegend stattfanden, war ihnen das nicht geglückt. Ein Regiment war ins Dorf gezogen, und die Soldaten hatten Quartierscheine bekommen. Sie mußten überall reingelassen werden. So hatten sich alle Mägde, sogar eine, die schon ziemlich bejahrt war, einen reinstopfen lassen müssen, sogar von hinten, was sie übrigens eine Todsünde dünkte. Als der Kapuziner sie fragte, ob sie sich allein oder mit einer Gefährtin abgefingert hätten, bekam er zur Antwort: ›Wer würde schon den Finger in ein stinkendes Loch stecken?!‹ Dabei fanden sie es als das Natürlichste von der Welt zuzuschauen, wenn eine von ihnen ihren Darm entlädt oder Pipi macht, oder, um sich zu verlustieren, Hühner, Tauben oder Gänse benutzt. Eine von ihnen hatte sich einmal die Zwetschke von einem Hund abschlecken lassen. Auf die Frage, ob sie es sich von ihm hatte besorgen lassen, antwortete sie: »Ich hätte es wohl gern gewollt, aber er war nicht groß genug.«

Nachdem ich all das gehört hatte, beachtete ich alle nötige Vorsicht, um in mein Zimmer zurückzukommen, ohne gesehen oder gehört zu werden.

7

Nur kurze Zeit später, nachdem ich in mein Zimmer zurückgekehrt war, traten meine Mutter und meine Tante bei mir ein und teilten mir mit, daß mein Vater zu Besuch aufs ›Schloß‹ käme; sie sagten mir bei dieser Gelegenheit auch, daß Berthe sich ins Bett gelegt hätte, weil ihr unwohl wäre. Meine Mutter bemerkte noch, daß dieses Unwohlsein nicht ernstlich wäre, daß Berthe bald wieder wohlauf und es aus diesem Grunde besser wäre, wenn ich sie nicht aufsuchte.

Dies erregte meine Neugierde, und mein Entschluß war schnell gefaßt, was ich tun würde. Ich wußte, daß meine Mutter und meine Tante am Nachmittag mit dem Kapuziner ins Dorf gehen wollten, um eine arme Kranke zu besuchen, und daß Kate sie begleiten mußte, um einen Korb mit abgelegten Kleidungsstücken zu dieser Frau zu tragen.

Während sich die beiden Frauen unterhielten, betrachtete ich sie jetzt aufmerksam und mit anderen Augen als vor der Beichte. Beide trugen dunkle Kleider, die das Charakteristische der Erscheinung einer jeden besonders hervorhob, das heißt das blühende Gesicht meiner Mutter und die biegsame schlanke Taille meiner Tante.

Beide waren in ihrer Art begehrenswert; die eine in ihrer noch von Männern unversehrten Jungfräulichkeit, die ungeahnte Lüste versprach; die andere durch die erregende Reife einer verheirateten Frau, die sich mit allen erdenklichen Freuden allen Einfällen eines liebesbegabten Ehemannes hingegeben hatte.

In dem Augenblick, da die beiden Frauen in mein Zimmer traten, war ich gerade dabei, mich zu waschen, und ich erklärte, daß ich versucht hätte, das Bett zu verlassen, denn eigentlich fing meine vorgetäuschte Krankheit an, mich im höchsten Maße zu langweilen.

Meine Tante, die bisher weder in meinem Zimmer noch in der Bibliothek gewesen war, trat in die letztere. Meine Mutter blieb nur kurz bei mir, dann ging sie in die Küche, um die Vorbereitungen für das Essen zu überwachen.

Das Alleinsein mit meiner hübschen Tante, die mir nun, nach der Beichte, doppelt begehrenswert erschien, erregte meine Sinne beträchtlich. Aber da ich noch die Nachwirkungen der Stichprobe mit der Verwalterin spürte, mußte ich mir gestehen, daß allzu große Hast in dieser Angelegenheit meine Pläne für immer gefährden könnte.

Marguerite kam, nachdem sie sich ganz allgemein in der Bibliothek umgesehen hatte, auch an den Tisch und schaute, ohne sich zu setzen, in das aufgeschlagene Buch, das dort lag. Es war der Band O der Enzyklopädie. Und aufgeschlagen war die Seite mit dem Stichwort ›Onanie‹, hinter das ich mit Bleistift ein Fragezeichen gesetzt hatte. Ich hörte, wie sie den Band zusammenklappte, dann den anatomischen Atlas zur Hand nahm und dann und wann einige Seiten genauer betrachtete. Ich war also nicht sehr erstaunt, daß ich sie, als ich hinzutrat, mit hochroten Wangen sah.

Ich gab mir den Anschein, als würde ich von ihrer Verwirrung nichts bemerken und meinte zaghaft: »Du wirst dich sicher im ›Schloß‹ auch manchmal langweilen. Der Priester, der früher hier wohnte, besaß sehr interessante Bücher über das Leben der Menschen. Wenn du willst, kannst du dir doch einige davon mit auf dein Zimmer nehmen und darin lesen.«

Ich nahm die beiden Bücher ›Die Ehe, wie sie ist‹ und ›Liebe und Ehe‹ und steckte sie ihr in die Tasche. Da sie sich zierte, sagte ich begütigend: »Selbstverständlich bleibt das unter uns, denn schließlich sind wir keine Kinder mehr, nicht wahr, Tantchen?« Nach diesen Worten schlang ich meine Arme um ihren Hals und gab ihr einen schallenden Kuß.

Sie trug einen hübschen Haarknoten und hatte einen entzückend schönen Nacken. Hübsche Haarknoten und schöne Nacken haben mich immer aus der Fassung gebracht, weshalb ich auch ihren Nacken mit herzhaften Küssen bedeckte, die mich vollständig berauschten.

Aber bei Marguerite hatte die Beichte noch nicht ihre Wirkung verloren. Sie stieß mich zurück, wenn auch ohne Heftigkeit, verließ mich dann, die beiden Bücher in ihrer Tasche, nachdem sie vorher noch einen Blick in mein Zimmer geworfen hatte.

Am Nachmittag hörte ich, wie der Geistliche mit den Damen das ›Schloß‹ verließ. Ich beschloß, Berthe aufzusuchen, um sie zu fragen, warum sie ein Unwohlsein vorgetäuscht hätte, um nicht zur Beichte zu gehen. Aber sie täuschte keins vor, wie ich merkte, denn sie lag zu Bett und schien tatsächlich krank zu sein. Aber trotzdem freute sie sich über meinen Besuch.

Meine natürliche Dreistigkeit ließ nicht lange auf sich warten. Aber als ich Berthe unter der Bettdecke berühren wollte, drehte sie sich um und sagte:

»Nein, Roger, seit vorgestern habe ich meine Tage … du weißt schon …, und ich schäme mich zu sehr!«

»Aha«, sagte ich, »deine Menstruation! Also bist du jetzt kein kleines Mädchen mehr, sondern eine Frau. Auch ich bin kein kleiner Junge mehr, Berthe, sondern ein Mann geworden«, meinte ich stolzgeschwellt. Mit diesen Worten knöpfte ich vorn meine Hosen auf und zeigte ihr meine Haare und meine Spitzflöte mit Mundstück. »Und ich habe es mit ihm auch schon probiert, du weißt ja, was! Aber mit wem, darf ich dir nicht sagen.«

»Du hast es gemacht?« fragte Berthe. »Aber was denn?«

Daraufhin erklärte ich meiner Schwester, die atemlos meinen Worten lauschte, wie Mann und

Frau es sich besorgen. »Und du weißt ja«, bemerkte ich, »daß Papa und Mama es auch immer machen.«

»Ach geh«, erwiderte sie, »das ist zu geschmacklos!« Sie sagte das aber in einem Tone, der gerade das Gegenteil ausdrückte. Und so fügte ich hinzu:

»Geschmacklos? Warum denn das? Warum gibt es denn dann auf der Welt zwei Geschlechter, he? Du kannst dir einfach nicht vorstellen, wie gut das tut, viel, viel besser, als wenn man es allein macht.«

»Ja, da kannst du recht haben, denn es schien mir auch immer besser, wenn Kate an meiner Mundharmonika spielte, als wenn ich es allein machte. Und vorgestern, oh, da glaubte ich mich im siebenten Himmel. Danach hat Kate zu mir gesagt:

›Jetzt ist es auch bei dir gekommen, Berthe! Paß auf, bald wirst du deine Tage kriegen.‹ Und sie hatte recht. Noch am selben Tage habe ich Bauchweh bekommen, und nicht lange danach ist mir etwas Feuchtes an den Schenkeln heruntergelaufen. Zuerst war ich zu Tode erschrocken, als ich sah, daß es Blut war, doch Kate hat nur gelacht und Mama kommen lassen, die mich angeschaut und zu mir gesagt hat:

›Lege dich ins Bett, meine kleine Berthe, du wirst das nunmehr jeden Monat drei oder vier Tage bekommen. Du wirst das Hemd wechseln müssen, solange das andauert und dich nicht da vorn waschen, bis es vorbei ist. Von jetzt ab wirst du nicht mehr die Kleider der kleinen Mädchen tragen.‹ Von nun an werde ich lange Kleider wie Mama und unsere Tante tragen«, schloß Berthe nicht ohne Stolz ihren Bericht.

»Na, wenn das so ist, Berthe, dann laß es uns machen!« Und dabei umarmte ich sie und drückte sie an mich.

»Paß auf«, sagte sie, »du tust mir weh an der Brust. Ich bin jetzt sehr empfindlich.«

Aber sie sträubte sich nicht, als ich ihr Hemd öffnete, um ihre kleinen Brüste zu sehen, die gerade dabei waren, sich zu runden.

Es waren ein Paar kleine Hügelchen, die mir erschienen wie die einer jungen Psyche oder Hebe. Aber trotzdem zeigten sie schon die klassische Form an, standen straff und hatten zwei rosige kleine Bonbons.

Ich machte ihr zärtliche Komplimente, und

sie ließ sich gern umarmen und selbst an diesen Bonbons lutschen, was sie sehr erregte.

Nach einigem Zögern ließ sie mich sogar ihre Muschi sehen, doch zog sie vorher ihr blutbeflecktes Hemd hoch.

Als ich sie betrachtete, bemerkte ich, daß sie schon viel mehr Haare unten hatte als ich. Ein wenig Blut lief ihr über die Schenkel. Sicher, es war nicht sehr verlockend anzuschauen, doch war ich zu erregt, um darauf Rücksicht zu nehmen.

Berthe preßte die Schenkel zusammen, aber mein Finger hatte bald ihr Begeisterungsknöpfchen gefunden. Durch die Bewegung meines Fingers und unter dem Druck meiner Hand öffneten sich schließlich ihre Schenkel, so daß ich nach kurzer Zeit meinen Zeigefinger in ihre feuchte Spalte stecken konnte, allerdings nicht sehr weit hinein, da sie sie zusammenpreßte. Ich stieß gegen das Jungfernhäutchen, in dessen Mitte sich bereits ein kleines Loch befand. Berthe stieß dabei einen wimmernden Ton aus und zog ihre Schenkel noch enger zusammen.

Nunmehr war ich dermaßen erregt, daß ich mich auszog, mein Hemd hochnahm und mich auf meine Schwester legte, um mit meinem immer härter gewordenen Knubbel in ihre Ritze einzudringen. Meine Schwester lehnte sich mit leiser Stimme dagegen auf, begann zu weinen und stieß dann einen kleinen Schrei aus, als ich wohlbehalten meinen Dingus in ihr stecken hatte. Doch schon bald schien sich der anfängliche Schmerz bei ihr in Wonnegefühl zu verwandeln. Ihre Wangen glühten vor Verlangen rot, ihre schönen Augen begannen zu leuchten, und so lag sie mit halbgeöffnetem Munde unter mir. Aber nun hielt sie auch nichts mehr zurück, denn sie ließ mich gänzlich in sich eindringen und erwiderte kraftvoll meine Lendenstöße.

Noch bevor ich zur Entladung kam, begann schon ihre Pimpa vor Begeisterung zu spucken. Mit halbgeschlossenen Augen, die vor innerer Erregung zuckten, rief sie laut vor Wollust:

»Roger, ah, ah! Ro-o-ger, – ich ... ich ... aah!« Nun war sie völlig außer Rand und Band.

So hatte ich meine Schwester Berthe zur Frau gemacht.

Wegen des Schluckes, den ich mir bereits am Morgen mit der Verwalterin geleistet hatte, und wohl auch wegen meiner übermäßigen Erregung war es bei mir noch zu keiner Entladung gekommen. Da ich die Wollust meiner Schwester sah, spornte das noch meine Sinne an, und ich verdoppelte meine Anstrengungen. Doch plötzlich fühlte ich etwas Heißes in Berthe; ich zog meinen Dingus heraus und sah, wie aus der Falte meiner Schwester eine rote Flüssigkeit strömte, bestehend aus meinem Wonnekleister, Monatsblut und Blut durch das von mir zerrissene Häutchen.

Beide sahen wir das mit großem Schrecken, denn auch mein Musikantenknochen war mit Blut befleckt, das auch an meinen Haaren und an meinem Klingelbeutel klebte.

Noch mehr aber versetzte uns in Schrecken, als wir hinter uns eine Stimme hörten, die sagte:

»Na, das ist ja gar nicht schlecht! Das junge Gemüse hat ja eine hübsche Unterhaltung!«

Es war Kate, die ins Zimmer getreten war. Sie hatte irgend etwas vergessen, und man hatte sie zurück ins ›Schloß‹ geschickt, um es zu holen. Auf Grund unserer Beschäftigung, die uns ganz gefangennahm, hatten wir sie nicht die Treppe heraufsteigen hören, doch wie es schien, hatte sie uns schon einige Zeit von draußen beobachtet und war dann, die Tür ganz leise öffnend, ins Zimmer getreten, als Berthe sich gerade in wollüstiger Ekstase befand. Ihr schelmisches Gesicht widerspiegelte

Erregung durch das, was sie gesehen und gehört hatte. Berthe und ich waren einige Augenblicke so verblüfft, daß wir sogar vergaßen, unsere Scham wenigstens zu bedecken. Kate hatte also Muße genug, um Berthes starke Blutung zu betrachten sowie meinen Ständer, der durch den Schreck zunehmend erschlaffte.

»Wenn man schon solche Dinge treibt«, sagte Kate dann lachend, »sollte man doch vor allem vorher die Tür verriegeln!« Und mit diesen Worten ging sie hin und schob den Riegel vor.

»Meine liebe Berthe, deine Mama hat vergessen, dir zu sagen, daß man solche Dinge nicht treiben darf, wenn man seine Tage hat. – Aber ich weiß nur allzu gut«, fügte sie unter lautem Lachen hinzu, »daß man dann die größte Lust dazu hat. – Jetzt aber, da es geschehen ist, lege dir ein trockenes Wäschestück zwischen die Beine und bleibe ganz still im Bett liegen! – Aber dieses Hemd da darf natürlich nicht mit in die Schmutzwäsche, es sein denn, mein lieber Roger, daß auch du, wie Frauen, deine Tage hast!«

Ich schaute nach meinem Hemd und sah, daß es mit Blut befleckt war. Kate schüttete etwas Wasser in eine Schüssel und trat auf mich zu:

»Zu allem Glück gehen die Flecke leicht wieder heraus! Steh also auf, Roger, ich werde dich waschen!«

Ich stand also vor ihr, damit sie mir die Flecken aus dem Hemd waschen konnte. Das war aber nicht ganz einfach. Sie hob mir kurzerhand das Hemd hoch, so daß ich fast nackt vor den beiden Mädchen stand. Kate wusch das Hemd und sparte dabei nicht mit spöttischen Bemerkungen. Schließlich sagte sie ernst:

»Nun komm schon näher!«

Dann wusch sie meine ganze Unterpartie mit dem Schwamm.

Als Kate meinen Hahnemann berührte, begann dieser, sich langsam aufzurichten, worauf sie meinte: »Oh, der Bösewicht, hat er das Hühnchen Berthe bestiegen!« Dabei gab sie ihm einige sanfte Klapse mit der Hand. Mit einem Mal, ich wußte nicht, wie mir geschah, umfaßte sie mich mit dem linken Arm, zog mich auf ihre Knie und klatschte mir mit aller Kraft einige Schläge auf den Hintern. Ich begann zu schreien. Meine Schwester bog sich vor Lachen, als sie das sah.

Die Hinterbacken brannten mir zwar von den Schlägen, doch fühlte ich gleichzeitig eine noch stärkere Erregung, als ich sie bislang kennengelernt hatte.

Schon früher – ich war erst zehn Jahre alt – hatte mich meine Mutter, wenn ich irgendeine Dummheit angestellt hatte, zwischen ihre Knie genommen, meine Hosen heruntergezogen und mir meinen kleinen Hintern versohlt, so daß ich, war der erste Schmerz überstanden, den ganzen Tag über ein angenehmes Kribbeln an dieser Stelle verspürte.

Als nun Kate meine Genußwurzel von neuem recht ansehnlich aufgerichtet sah, brach sie in Lachen aus und sagte: »Oh, welche große Handkurbel Roger da hat! Man kann nicht anders, man muß sie betätigen!«

Sie legte Hand an meinen Dingus, preßte ihn und rieb ihn auf und nieder. Ich war nicht minder untätig, sondern griff Kate an die wohlgefüllte Bluse, die sie nur zum Schein verteidigte. Sodann griff ich ihr unter die Röcke. Da sie kein Höschen trug, befingerte ich ihre Zwetschke. Sie wollte sich zurückziehen, doch ich hielt sie dort unten am Brunstgebüsch fest, während ich mit dem linken Arm ihren Hintern umschlang. Daraufhin kniete ich mich nieder, steckte ihr den Daumen meiner rechten Hand in ihren heißen Krater und ließ ihn ein- und ausfahren.

Daß ihr das wohltat, ließ sich nicht leugnen, denn sie setzte sich kaum noch zur Wehr, im Gegenteil, sie ging zum Bett von Berthe, die, um sich nicht vor Kate zu schämen, mir half, indem sie sie umhalste und aufs Bett zog.

Kate verlor nun völlig den Kopf und ließ sich fallen. Ich hob ihr den Rock hoch und legte ihre Einstiegsluke frei. Ihre Haare unten waren rot, aber nicht so dicht, wie ich es nach den Auskünften meiner Schwester geglaubt hatte; dafür waren sie ziemlich lang und etwas feucht von Schweiß. Ihre Haut war weiß wie Milch und weich wie Seide; ihre Schenkel waren wundervoll rund, die Beine bedeckt von schwarzen Strümpfen, die die strammen runden Waden eng umschlossen.

Ich warf mich auf sie, stieß meinen Ständer zwischen ihre Schenkel und drang vorsichtig in sie ein. Doch mußte ich das sofort aufgeben, da meine Füße keinen Halt fanden. Die Stellung war zu unbequem.

Kate hingegen, die mittlerweile in Hitze geraten war, sprang vom Bett auf, stieß mich auf den Stuhl neben dem Bett und warf sich nun ihrerseits auf mich. Noch bevor ich Zeit fand, mir darüber klar zu werden, wie es weitergehen sollte, war mein Queue schon in ihr verschwunden.

Ich fühlte, wie ihre langen Schamhaare mich unten am Bauch kitzelten, da Kate sich auf mir hin und her bewegte, sich dabei an meinen Schultern festhaltend. Bei jeder Bewegung, die sie vollführte, berührten ihre großen Schambeffchen meinen Schellenbeutel.

Sie zog von selbst ihren leichten Überrock aus Perkal herunter und forderte mich auf, an ihrer Brüstung zu spielen, weil ihr das, wie sie sagte, so unsägliche Wonne bereitete. Ihre Brüste waren selbstverständlich weit größer als die meiner Schwester und viel fester als die der Verwalterin, obwohl sie nicht zu groß, hinwiederum auch nicht zu klein waren, eben gerade für mich sehr handlich. Sie waren ebenso weiß wie ihre Schenkel und ihr Bauch und hatten in der Mitte zwei pralle rote Spitzen, umgeben von einem gelbbraunen Kranz, auf dem ganz allerliebste kleine Härchen wuchsen.

Die Sturmflut näherte sich bei Kate, deren Wollust immer mehr zunahm. Bei der Heftigkeit der Bewegungen, die sie hin und her, auf und nieder warf, war mein Bohrer zweimal aus dem Loch gerutscht, und wenn sie ihn dann wieder hineinsteckte, tat mir das jedesmal weh, während es ihr hingegen das allergrößte Vergnügen bereitete.

Während meine Fluten noch hinter ihren zurückblieben, schlugen ihre über ihr zusammen, so daß sie in vollster Ekstase ausrief:

»Jetzt … jetzt … jetzt kommt es! Oh, o mein Gott … dein Kien tut mir ja so-o-o wohl!«

Im gleichen Augenblick entlud sie; ich merkte es an der Überschwemmung, in der mein Stamm bis zur Wurzel stand. Im letzten Moment ihrer Ekstase biß mich das sonst so sanfte Kammermädchen in die Schulter.

Als ich fühlte, wie ihr Krater heiß überlief, spürte auch ich, wie mir der Saft im Stengel hoch und immer höher stieg.

Kate, die das auch bemerkte, hatte sich schnell wieder in der Gewalt und rief:

»Roger, dein Queue wird immer heißer; gleich wird er anfangen zu spritzen!«

Und mit diesen Worten sprang sie plötzlich von mir herunter, ergriff mit ihrer rechten Hand meinen von ihren Begeisterungstränen nassen Rammelkameraden und begann, ihn heftig zu rubbeln, wobei sie sagte:

»Wenn ich das nicht täte, könnte ich schwanger werden.«

Nun war auch ich vom Stuhl aufgestanden. Kate preßte mich mit ihrem linken Arm an sich und ich zuckelte an ihren Brüsten. Ich mußte die Beine spreizen. Mein Dingus begann mit einem Mal heftig zu zucken, so völlig entblößt vor den beiden erwartungsvollen Mädchen, und dann spritzte er einen vollen Strahl ab.

Berthe hatte aufs genaueste der Entladung zugesehen und betrachtete neugierig die weiße Flüssigkeit, die auf ihr Bett gespritzt war.

Sie war so raffiniert, daß sie mir, während es mir kam, den Hintern krabbelte und mir dabei Mut zurief:

»Na, siehst du, lieber Roger, du entlädst doch wunderbar! Da ist es schon, da ist es schon!«

Meine Sinne sind danach unbeschreiblich befriedigt gewesen.

Als alles vorbei war, setzte ich mich wieder auf den Stuhl. Kate tat so, als ob nichts geschehen wäre. Sie brachte alles in Ordnung, trocknete mir meinen Dingus mit ihrem Taschentuch ab, knöpfte sich die Kleider zu, nahm ihren Korb und sagte zu uns in ihrer gewohnten fröhlichen Art:

»Gottlob, daß es so abgelaufen ist, denn

ohne mich …! Jetzt seid aber gescheit! Du, Berthe, bleibst im Bett liegen, und du, Roger, geh nach unten auf dein Zimmer.«

Mit diesen Worten ging sie, und ich tat, wie sie mir befohlen, nachdem ich mich vorher noch angezogen und Berthe einen Kuß gegeben hatte.

8

Die Erlebnisse dieses Tages hatten mich völlig erschöpft, und so verspürte ich nur das Bedürfnis nach Ruhe und Erholung. Ich legte mich zu Bett und wachte erst am Morgen des nächsten Tages auf.

Bei meinem Erwachen fand ich mich auf dem Rücken liegend, eine Stellung, in der ich gewöhnlich einen Ständer bekam. Bald hörte ich, wie sich Schritte näherten. Da ich vermutete, daß es die Verwalterin sei, wollte ich ihr einen Schabernack spielen. Ich streifte mein Hemd hoch, schlug meine Bettdecke zurück und tat so, als ob ich schliefe.

Doch ich hatte mich getäuscht: Statt der Verwalterin kam deren Schwägerin. Es war eine Frau von etwa fünfunddreißig Jahren, ein Alter, wo die Frauen am sinnesdurstigsten sind.

In ihrer Jugend ist sie Kammermädchen im ›Schloß‹ gewesen, doch dann hatte sie einen alten Diener geheiratet, der sich ein schönes Stück Geld gespart hatte. Sie lebte mit ihrem Mann und ihren drei Kindern (ein Junge und zwei Mädchen von zehn, elf und dreizehn Jahren) bei ihrem Bruder, dem Verwalter.

Madame Muller war weder schön noch häßlich, sie war von großer Statur, aber rank und schlank, hatte einen dunklen Teint, und ihre Haare waren schwarz wie ihre Augen. Sie schien nicht unintelligent und schon eines Stößchens wert.

Natürlich konnte man sicher sein, daß sie schon mehr als einen Liebesknochen gesehen hatte. Aus diesem Grunde konnte sie auch meinen sehen, und deshalb verhielt ich mich ganz so, als schliefe ich ruhig.

Madame Muller stellte den Kaffee auf den Nachttisch, dann, als sie meine Stichwaffe bemerkte, stand sie einen Augenblick still und staunte. Aber sie war eine resolute Frau, ohne falsche Prüderie. Sie betrachtete mich einige Augenblicke aufmerksam und sogar mit einem gewissen Vergnügen. Dann räusperte sie sich ein wenig, um mich aus dem Schlaf zu wecken, und da ich mich beim Aufwachen so reckte und streckte, daß mein Schellenbaum sich immer unverschämter darbot, trat sie zu meinem Bett, schaute mich einen Moment lang an und deckte mich wieder zu, wobei sie sagte: »Ihr Kaffee, Monsieur Roger!«

Ich öffnete die Augen, wünschte ihr einen Guten Morgen, machte ihr Komplimente über ihr gutes Aussehen und was man sonst noch so sagt. Dann aber sprang ich mit einem Satze aus dem Bett, faßte sie mir und versicherte ihr, daß sie die schönste Frau im ganzen ›Schloß‹ sei.

Sie setzte sich kaum zur Wehr. Ich ließ meine Hand unter ihren Röcken verschwinden und bekam eine Spalte zu fassen, die vollkommen von Haaren bedeckt war. Dort steckte ich meinen Finger hinein und fühlte, daß alles trocken war, wie bei allen sinnesfreudigen Frauen. Es dauerte jedoch nicht lange, da wurde mein Finger feucht. Ihr Damendegen, muß ich sagen, war sehr steif.

»Aber was machen Sie denn da, Monsieur Roger! Lassen Sie das, bitte! Wenn mein Mann davon erfährt!«

»Monsieur Muller ist in der Kapelle.«

»Ah! Ja, er betet dort den ganzen Tag. Aber ziehen Sie die Hand dort weg, Sie tun mir weh... Meine Schwägerin könnte kommen, sie erwartet mich ... Genug! Also gut, ich werde heute abend wiederkommen ... denn jetzt kann man nicht in Ruhe ... Mein Mann fährt heute für zwei oder drei Tage in die Stadt.«

Nach diesem Versprechen ging sie.

Am Abend dann, nachdem ich reichlich gegessen hatte, nahm ich heimlich Wein, Schinken und vom Dessert mit in mein Zimmer. Es dauerte nicht lange, da schlief alles im ›Schloß‹. Endlich öffnete sich meine Tür, und Madame Muller trat ins Zimmer; das Herz schlug mir bis zum Halse. Ich nahm sie in die Arme, küßte sie, wobei ich meine Zunge in ihren Mund steckte; sie erwiderte die Küsse auf dieselbe Art. Nach diesem Vorspiel zog ich mich aus, und mein Saftbohrer zeigte sich ihr in seiner besten Verfassung.

»Bringen Sie sich nicht so sehr in Erregung«, sagte sie, »denn das hieße, mit Kanonen auf Spatzen schießen!«

Sie ging die Tür verriegeln. Als sie wieder bei mir war, griff ich ihr an die Muschel, die ich leicht geschwollen fand; ihr Begeisterungsknöpfchen war sehr steif. Ich zog sie bis aufs Hemd aus und zog es ganz weit nach oben. Angezogen hätte man sie eher für eine magere Frau halten können, doch das Gegenteil war der Fall. Sie war gut bei Fleische, ihre Haare unten waren schwarz und reichten ihr bis zum Nabel.

Sie mußte sich gewaschen haben, bevor sie zu mir kam, denn ihre Muschel war sauber und roch nicht. Schließlich zog ich sie ganz aus und war erstaunt, wie fest und stramm ihre Brüste standen, die nicht zu groß und nicht zu klein waren und deren Bützchen von einem leichten zarten braunen Haarflaum umgeben waren. Auch als ich ihre Brüste in die Hand nahm und sie leicht anhob, bemerkte ich darunter feine schwärzliche Härchen. Auch unter ihren Achselhöhlen war sie behaart und zwar so reichlich, wie man es bei Männern findet.

Wie ich mir Madame Muller so anschaute, bestaunte ich ihren Hintern, dessen außerordentlich pralle Halbkugeln eng nebeneinander standen. Von dort bis zum Rücken war sie auf der Wirbelsäule ebenso behaart. Diese reiche Behaarung auf ihrem Körper ließ meinen Ständer noch mehr anwachsen.

Als ich sie so von oben bis unten betrachtet hatte, zog ich mein Hemd aus und war wieder schnell bei der Schönen. Sie machte einige Bewegungen, daß mein Brunzrüssel gegen ihren Bauch stieß.

Wir hatten uns so gestellt, daß jeder den anderen voll und ganz im Spiegel sehen konnte. Ich drängte sie zum Bett, wo sie sich setzte. Sie sagte:

»Ich weiß schon, daß Sie alles von mir sehen wollen!« Dabei hob sie die Beine und brachte mir so ihre behaarte Stoßspalte bis zum Ansatz des Hinterns zu Gesicht. Sogleich setzte ich meine Zunge an und ließ sie darauf spielen. Durch diese Schleckerei begannen ihre Beffchen zu schwellen. Aber als ich meinen Bohrer bei ihr ansetzen wollte, rief sie lachend:

»Nicht so! Legen Sie sich auf das Bett!«

Ich bat sie, mich zu duzen und auch mir das zu gestatten, wogegen sie nichts einzuwenden hatte.

Ich legte mich also aufs Bett und sie sich auf mich, so daß ich ihren ganzen schönen Körper vor Augen hatte. Sie forderte mich auf, ihre Brüste zu streicheln und zu kneten, sodann ergriff sie meinen Lustbengel, führte ihn an der Hand vor ihrer Einstiegsluke ein wenig spazieren, wobei sie mich bat, nicht zu entladen, dann plötzlich ließ sie ihn bis zur Wurzel eintreten. Kaum war er drinnen, begann sie auf mir mit solch heftiger Leidenschaft zu reiten, daß es mir fast weh tat. Während dieses leidenschaftlichen Rittes stieß sie sich naß, was ich an der Hitze merkte, die in ihrem Feuerofen herrschte. Dabei hörte ich sie tief aufstöhnen und sah, wie sich ihre Augen verdrehten.

Aber auch bei mir begannen die Wellen zu steigen; sie bemerkte es und stieg schnell von mir herunter.

»Warte, mein Freund!« sagte sie mit noch vor Wollust zitternder Stimme. »Ich weiß noch etwas anderes, was dir bestimmt Lust bereiten und mir eine Schwangerschaft ersparen wird.«

Sie drehte sich auf mir herum, so daß ich jetzt ihren Hintern direkt vor meinem Gesicht hatte. Sodann stützte sie sich auf die Ellenbogen und nahm meinen Saftstengel in den Mund. Ich machte es wie sie und drang mit meiner Zunge in ihren Kelch, schleckte ihn aus, was wie rohes Ei schmeckte, und knabberte an ihrer Prinzeßbohne.

Während sie sich immer mehr meine Zukkerstange auf der Zunge zergehen ließ, kitzelte sie mir mit der einen Hand meinen Schellenbeutel und mein Hintertürchen, mit der anderen Hand jedoch rebbelte sie meinen Dingus auf und ab.

Meine Wollust war dabei so groß, daß mein Stengel so steif und groß wie nie zuvor wurde. Schließlich nahm sie ihn, soweit es irgend möglich war, in den Mund. Währenddessen hatte ich ihren Liebesschlund in seiner ganzen Tiefe vor meinen Augen. Ich ergriff ihre Schenkel, preßte sie auseinander und meine Zunge drang, soweit ich konnte, in sie hinein. Dann verlor ich das Bewußtsein und entlud mich voll in ihren Mund.

Als ich aus meinem Sinnestaumel wieder zu mir kam, fühlte ich Madame Muller dicht neben mir auf dem Bett liegen; sie hatte die Decke über uns gezogen. Sie streichelte mich, und indem sie mir für die Lust, die ich ihr bereitet hatte, dankte, fragte sie mich, ob ich auch soviel wie sie dabei genossen hätte.

Ich mußte gestehen, daß mir diese Stellung viel mehr Genuß bereitet hatte als bei der normalen Stellung.

Darauf fragte ich sie, warum sie mich nicht in ihre Muschel hatte entladen lassen, da sie doch verheiratet wäre.

»Gerade aus diesem Grunde!« antwortete sie

mir. »Mein Mann ist impotent und würde sogleich merken, daß ich ihn betrogen habe. Ach, mein Gott, was muß ich nicht alles durch ihn ertragen!«

Ich bat sie, mir alles zu sagen. Sie erzählte, daß ihr Mann erst einen Ständer bekäme, wenn sie ihn mit Stockschlägen auf den Hintern bis aufs Blut traktiere. Und auch sie müßte sich von ihm Schläge gefallen lassen, aber nur mit der Hand. Jetzt hätte sie sich aber schon so daran gewöhnt, daß ihr das eher Vergnügen als Schmerz bereite. Sie mußte sogar vor seinen Augen Wasser lassen, selbst kacken, denn er wollte alles sehen. Und am meisten würde es ihn erregen, wenn sie ihre Regel hätte. Sobald sie ihm seine fünfzig, ja sogar hundert Schläge gegeben hatte, müßte sie seine halbweiche Nudel in sich reinpressen, wenn nicht, würde die Hohlflöte in sich zusammenbrechen. Ausgenommen nur, wenn sie ihn am Hintern leckte oder sich von ihm zwischen den Zehen lecken ließ. In diesem Falle bekäme er einen Harten, aber all diese Dinge, die er mit ihr triebe, wären ihr zuwider.

»Und zudem«, fügte sie abschließend hinzu, »steckt dieser alte Schurke immer in den Kirchen.«

Dieser erstaunliche Bericht hatte die Lebensgeister meines Stecklings wieder erweckt, und Madame Muller beschleunigte diese Wiederbelebung, indem sie mir die Oliven kitzelte. Als er mir wieder stand, mußte ich mich zwischen ihre Beine setzen, und sie drehte sich auf die Seite. Ihre Beine waren über meinem Hintern gekreuzt, und so lagen wir auf der Seite uns gegenüber. Diese Stellung war sehr angenehm, denn so konnten wir uns umarmen. Auch konnte ich so an ihren Bützchen knuspern.

In der Hand hielt ich ihre durch die genossene Lust geschwollene und enger gewordene Spalte. Jeder befingerte die Hinterpforte des anderen. Ich ließ meinen Mast in ihre Luke gleiten und begann, ihn nach vorn zu stoßen. Mein Finger putzte inzwischen ihre Müllkute, die ich erzittern fühlte. Bei diesen Bewegungen begann sie, kleine Schreie der Wollust auszustoßen, vor allem als die Wellen von neuem über ihr zusammenschlugen. In ihrer Begeisterung hatte sie von hinten meine Samendatteln zu fassen gekriegt und drückte sie so fest, daß sie mir weh tat und ich sie bitten mußte, sie loszulassen. Also streichelte sie mich zärtlich. Sie legte sich dann mit dem Gesicht aufs Bett, damit ihr

Hintern Männchen machte. Ich ließ sie sich hinknien, den Hintern nach oben gereckt, schmierte mit Spucke ihre Hinterpforte ein und ließ den Schwengel dort mühelos eindringen. Bei jedem Stoß, den dieser dabei ausführte, fühlte ich meinen Schellenbeutel gegen ihren Hintern klatschen.

Das bereitete ihr größten Genuß, wie sie zugab, denn auf diese Weise konnte ich mit der einen Hand ihre Spalte kitzeln und mit der anderen Hand an ihren Brüsten spielen. In dem Augenblick, da ich meine Säfte steigen fühlte, wollte ich mich aus ihr zurückziehen, doch sie klemmte mich hinten dermaßen ein, daß jeder Rückzug unmöglich war und ich ihr mit einer vollen Ladung den Darm spülte. Da sie auf der Kehrseite noch Jungfrau war, sagte sie mir, daß ihr das besonders gut getan hätte, viel mehr, als wenn sie von vorn entkorkt worden wäre. Als ich spürte, wie mein Stengel in ihrem Hintern härter wurde, war die Wollust in ihr auf dem Höhepunkt, und sie entlud zur gleichen Zeit wie ich.

»Aber für heute genug!« sagte sie schließlich lächelnd. Und ich muß zugeben, daß auch ich am Ende meiner Kräfte war. Ich bot ihr von dem Dessert an, das ich mit aufs Zimmer genommen hatte, doch sie lud mich ein, bei ihr ein Glas Likör zu trinken, was wir auch taten. Sodann kehrte ich in mein Zimmer zurück und legte mich schlafen.

9

Eines Tages entschied meine Mutter, daß alle Mägde im Obergeschoß des ›Schlosses‹, unter dem Dache, schlafen sollten. Noch am gleichen Abend begannen diese, sich dort oben einzurichten. Und ich, neugierig, schaute ihnen dabei zu. In dem Augenblick, da eine von ihnen, ihre Matratze unter dem Arm, langsam die letzten Treppen hochstieg, trat ich hinter sie und hob ihr die Röcke hoch.

Zuerst bekam ich die sehr strammen Halbkugeln ihres Hinterns zu fassen; ich preßte mich gegen sie, dann steckte ich meinen Daumen in ihren Brunstwinkel, der feucht war. Sie stieß keinen Schreckensschrei aus, sondern drehte sich lächelnd herum, wie geschmeichelt von meiner Galanterie, da sie mich erkannte. Es war die brünette Ursule. Ich führte sie ins oberste Stockwerk, wo ich sie umarmte.

Bei meinem ersten Kuß schien sie die Sache gut aufzunehmen, denn sie gab mir den zweiten zurück. Daraufhin griff ich ihr an den Busen und hatte bald die beiden festen Kugeln mit den bräunlichen Spitzen in der Hand. Eine schnelle Bewegung mit der linken Hand unter ihren leichten kurzen Rock, und ich fühlte voll und ganz ihre reichlich behaarte Spalte.

Sie preßte die Schenkel zusammen und beugte sich ein wenig nach vorn. Ich nahm eine Brustspitze zwischen meine Lippen und saugte an ihr, während mein Zeigefinger unten an ihrem Begeisterungsknöpfchen spielte, das ich in einem höchst erregten Zustand fand. Doch nicht genug damit, meine Hand glitt schon bald zwischen ihre Schenkel, und ein, zwei, drei Finger drangen in ihr Lustetui.

Sie wollte gehen, doch ich drängte sie gegen die Wand. Ich fühlte, wie ihr ganzer Körper unter der leichten Bekleidung wonnevoll zu erschauern begann. Da zog ich schnell meinen Degen hervor und stieß ihn in ihre Scheide. Zugegeben, die Stellung, in der wir uns befanden, war äußerst unbequem, und da das Mädchen groß und kräftig gebaut war, hätte ich es nicht küssen können, wenn es nicht seinen Teil beigetragen hätte.

So küßten wir uns im Stehen, und sie mußte schon sehr in Hitze sein, denn es kam ihr im Nu. Mir ging es nicht anders, denn auch ich lief über, sicherlich durch die Stellung, die uns sehr anstrengte. Aber da hörten wir Geräusche in den Zimmern, und Ursule machte sich von mir los. Die Geräusche ließen jedoch nach, und bald war es wieder still. Daraufhin zeigte ich ihr meinen Ständer, der dunkelrot glänzte und ganz feucht von ihrer Überschwemmung war. Sie betrachtete ihn aufmerksam, denn es war das erste Mal, wie sie sagte, daß sie einen von jemandem aus der Stadt sah.

»Also«, sagte ich zu ihr, »zeig dich auch!« Sie ließ es mit Schamröte im Gesicht geschehen. Ich hob ihren Rock hoch und konnte ihre fein gedrechselten Beine sehen, und zwischen ihren strammen Schenkeln ein völlig schwarzes Gebüsch von Haaren. Zum Glück trug sie keine Höschen wie die Damen in der Stadt, die sich immer zimperlich anstellen, wenn man ihnen ihre Ritze befingerte, was sie im Grunde ja ebenso gern haben, wenn nicht noch mehr, wie die Frauen und Mädchen auf dem Lande.

Ich nahm etwas Abstand, aber immer noch ihren Rock und ihr Hemd haltend, dann ging ich ihr zu Leibe und ließ meine Hände über ihren Bauch und ihre Schenkel streichelnd gleiten.

Immer noch neugierig, kam ich mit meiner Nase an ihre Motte, wo es nach frischem Eiweiß – wegen der Entladung kurz zuvor – und nach Pipi roch. Als ich mit meiner Zunge über ihren Damendegen fuhr, konnte sie sich wegen des Kitzels eines Lachens nicht erwehren und ließ ihren Rock über mich fallen. Ich hielt sie aber fest und fuhr fort, ihre ganze Unterpartie abzuschlecken, was meinen Soßenstibber in noch größere Aufregung versetzte. Da jedoch wieder Geräusche zu hören waren, machte sich Ursule ernstlich von mir los.

Ich mußte mich fügen. Aber als sie dann wieder mit anderen Sachen nach oben kam, stand ich wieder da, hob ihr noch einmal die Röcke von hinten hoch und legte ihren wirklich prachtvollen Hintern bloß, der zum Hineinbeißen straff war.

»Noch ein wenig, Ursule!« bat ich sie, indem ich sie am Hemd festhielt. Ich küßte ihren Hintern, preßte ihn in meinen Händen, drückte ihn auseinander und schnüffelte an ihrem Hinterpförtchen, das aber nicht nach Modder, sondern nur nach Schweiß roch. Nun machte sie sich endgültig los, weil sie nicht verstehen konnte, wie ein Herr aus der Stadt wie ich Vergnügen daran finden konnte, seine Nase an die stinkenden Stellen eines Landmädchens zu stecken.

Am Abend, beim Essen, fragte ich leise meine Schwester Berthe, ob ich sie heute nicht küssen könnte. Sie verneinte. Also stieg ich nach dem Essen ins Obergeschoß des ›Schlosses‹, um zu sehen, ob sich nicht irgendeine Gelegenheit fände, meine Lust zu stillen. Aber es war einfach nichts zu machen.

Ich zog mich schließlich in mein Zimmer zurück. Dort fand ich bereits mein Bett für die Nacht zurechtgemacht. Ich zog mich aus, streckte mich ganz nackt auf dem Bauch aus, legte ein Taschentuch unter mich, nahm mein Kopfkissen in die Arme, arbeitete anhand der Unterlagen und dachte dabei an meine Tante, an meine Schwester und alle Körperteile, die ich kennengelernt hatte. Danach ruhte ich mich ein wenig aus, bis ich von neuem begann, mich aufzureiben. In dem Augenblick, da ich fühlte, wie mir die Säfte stiegen, hörte ich eine Stimme hinter meiner Zimmertür, die sagte:

»Monsieur Roger, schlafen Sie schon? Ich bringe Ihnen Wasser!«

Sofort war ich auf den Beinen, warf mir meinen Schlafrock über und ging öffnen. Draußen stand das Küchenmädchen Hélène. Sobald sie im Zimmer war, verriegelte ich hinter ihr die Tür. Mein Verlangen war so heftig, daß mein Zeiger zuckte wie bei einer Uhr.

Sogleich packte ich das niedlich gekleidete Mädchen am Hintern, der sehr stramm war, sowie an den Brüsten und gab ihr dabei ein paar zärtliche Küsse.

Sie ließ das alles ohne jegliche Ziererei oder Umstände über sich ergehen, doch als ich ihre Mullemaus berührte, wehrte sie errötend ab und sagte:

»Ich habe meine Tage!«

Ich hatte eben Pech gehabt. Dabei stand er mir wie bei einem Karmeliter, und sie, sie betrachtete ihn wohlgefällig. Schließlich hatte Hélène Mitleid, nahm das Steuer in die Hand und manövrierte es auf die liebenswürdigste Weise. Inzwischen hatte ich wenigstens das Vergnügen, mich mit ihren Brüsten zu amüsieren. Ich knöpfte ihr das Hemd auf, und die beiden prallen Ballons sprangen mir förmlich in die Hände. Sie waren noch wie bei einem ganz jungen Mädchen, zwar völlig übersät mit Sommersprossen, doch ansonsten von makelloser Form; es gab nichts an ihnen auszusetzen.

Ich ließ keine Ruhe, bis sie mich, wenn auch ungern und nicht ganz freiwillig, ihren Hintern anschauen ließ sowie ihre Muschi, deren rote krause Haare jetzt durch das Blut verklebt waren. Ich drängte sie zu dem Stuhl am Bett und plazierte meinen Schweif zwischen ihre Brüste. Das war sehr zweckmäßig, denn er konnte so in den Wonnehügeln pflügen, was ich als sehr aufreizend empfand. Natürlich wäre es besser gewesen, wenn der Weg dort feuchter gewesen wäre. Ich sagte ihr das. Da nahm sie etwas Spucke, schmierte damit mein Gerät und ihre Busenfurche ein, sodann setzte sie alles wieder an seinen Platz und preßte dabei zusätzlich ihre Brüste mit der Hand gegeneinander. Oberhalb der Brüste sah man meine Pflugschar herausragen, unterhalb derselben den Samenbeutel hängen.

Daraufhin begann ich mein Gerät in Bewegung zu setzen, wobei ich Hélène zärtliche Worte zuflüsterte, ihr das Gesicht streichelte und auch mit ihren Nackenhärchen spielte.

Nicht lange und ich hatte eine so reichliche Entladung, die sie mit Staunen besah, denn dies war für sie ebenso neu wie für mich.

Nachdem meine Wollust gesättigt war, schenkte ich ihr zum Dank ein schönes Seidentuch, das sie mit großer Freude nahm und sich dabei tausendmal entschuldigte, daß sie selbst nicht in der entsprechenden Verfassung war. Sie verriet mir noch, daß die Mädchen, die mit ihr in der Küche arbeiteten, immer spät zu Bett gingen, während sie selbst am Morgen viel länger schliefe als die anderen, die frühzeitig in den Kuhstall mußten. Wenn ich also nach oben käme, wäre es für mich günstiger, meine Befriedigung zu finden.

Die Auskunft, die sie mir gab, gefiel mir ausnehmend gut. Gleich am nächsten Morgen gab ich vor, einen Taubenschlag unter dem Dach anbringen zu wollen; auf diese Weise wollte ich Gelegenheit haben, auf den Boden zu steigen, wo die Mägde schliefen. Doch gelangte ich noch nicht zu meinem Ziel, da ich immer abgelenkt wurde.

So konnte ich einmal Berthe, dann auch Kate auf der Toilette beobachten und dabei ihre Muscheln sehen. Und da, wegen des schlechten Wetters draußen, meine Mutter und meine

Tante unaufhörlich miteinander sprachen, wagten es weder Berthe noch Kate weiter zu gehen, als mir höchstens einmal im Vorübergehen an meinen Hemdspreizer zu fassen.

Um mir die Zeit angenehmer zu vertreiben, hatte ich mir ein Loch in die Wand des einfachen Plumpsklos gebohrt. Und so konnte ich den Nachmittag damit verbringen, allen Mädchen, Frauen und Damen zuzusehen, wie sie ihr Geschäft verrichteten. Nichts blieb mir verborgen, denn ich hatte ihre Hintern und ihre Liebesspalten in all ihrer Schönheit vor Augen. Dabei machte ich die Beobachtung, daß sie sich alle lediglich in der Farbe ihrer Haare und in ihren Körperformen unterschieden. Ich konnte mich von der Wahrheit eines Ausspruches überzeugen, der einem Gutsknecht zugeschrieben wurde. Eine Comtesse hatte sich einmal herabgelassen, es mit ihm zu treiben; und als man ihn daraufhin befragte, wie es gewesen sei, soll er geantwortet haben:

›Das Hemd, das sie anhatte, war zwar viel feiner, doch abgesehen davon war alles auch nicht anders als bei anderen Frauen.‹

Mit Hilfe dieses Guckloches konnte ich alle intimen Körperteile der weiblichen Bewohner des ›Schlosses‹ vergleichen, und der Anblick, den mir selbst die Frauen boten, die ich schon gehabt hatte, bereitete mir das größte Vergnügen.

Während dieser Zeit hatte ich Ursule ein hübsches Brusttuch geschenkt, da es schließlich nicht ihre Schuld war, wenn ich sie noch nicht voll und ganz hatte genießen können. Die anderen Mädchen hatten das bemerkt, und alle wurden auf einmal mir gegenüber sehr zugänglich, denn sie waren nicht dumm und begriffen sehr wohl, daß dieses Spiel sehr viel Freude machte, besonders wenn man darüber hinaus noch ein Geschenk erhielt. So sagte es mir eine von ihnen eines Morgens, da alles noch in tiefem Schlaf lag und nur von weit her das Rumoren in den Ställen zu hören war.

Ich war ins Obergeschoß gestiegen und hatte eine Tür gefunden, die nicht verriegelt war und in zwei Schlafkammern führte.

In der Kammer herrschte eine stickige Luft, wie sie von den Ausdünstungen der Körper der Mägde herrührte, deren Kleider an den Wänden hingen oder auf dem Fußboden verstreut lagen. Diese Luft erschien mir zuerst widerlich in die Nase zu steigen, doch sobald man sich daran gewöhnt hatte, fand ich sie eher errgend als abstoßend. Es war eben die echte ›Odor di femina‹: der Duft, der ihn beim Manne zum Stehen bringt.

Die altmodischen Betten in der Kammer waren breit für zwei. Außer einem waren alle leer, und in diesem lag ein Mädchen, das wie ein Scheunendrescher schnarchte. Es lag auf der Seite, mit dem Gesicht zur Wand, einen Fuß auf dem Holzrand des Bettes liegend, und ihr Hintern war um so mehr meinen Blicken ausgesetzt, da sie gänzlich nackt schlief.

Ihr grobleinenes Hemd lag neben ihr auf einem einfachen Holzstuhl mit ihren anderen Sachen. Die Schläferin hieß Babette und konnte nicht im geringsten ahnen, daß sie so von Kopf bis Fuß betrachtet wurde. Ihre Haut war zwar nicht weiß und fein, wie sie die Damen haben, und ihr Körper von der schweren Arbeit zwar etwas mitgenommen, aber nicht mager.

Ich näherte mein Gesicht ihrem Hintern, und ein penetranter Geruch stieg mir in die Nase. Auch war sie dort nicht ganz sauber vom letzten Stuhlgang. Weiter unten war ihre geschlossene Spalte zu sehen, umgeben von einem Busch kastanienbrauner Haare.

Ich kitzelte sie zart an ihren beiden hinteren Halbkugeln und an ihrer Schublade. Sobald ich aber meinen Finger in ihrer Luke hatte, wurde sie unruhig und drehte sich um. Nunmehr konnte ich sie mir von vorn besehen. Die Haare ihres Muffs waren gekräuselt, und es roch auch dort sehr streng nach Abtritt, was ich feststellte, als ich meine Nase in ihre Angelegenheit steckte. Hierzu muß man entschuldigend sagen, daß diese Mägde sich ihre Unterpartie nur des Sonntags waschen. Im übrigen gibt es auch viele Damen der guten Gesellschaft, die keine Zeit haben, es öfter zu tun. Aber wie dem auch sei, der Geruch erregte meine Sinne, und schon hatte ich einen Ständer.

Ich verriegelte die Tür und zog meine Kleider aus. Sodann spreizte ich ihre Schenkel, und dabei öffnete sie, noch schläfrig, ein wenig die Augen.

»Liebe Babette«, flüsterte ich ihr zu, wobei ich drei Finger in ihre Schamspalte steckte, »du bist mein kleiner Liebling, und nun schau nur, wie er mir steht!«

Jetzt war sie völlig aufgewacht, bewegte sich hin und her und wies mit der Hand nach dem anderen Zimmer und sagte:

»Ursule ist auch da!«

»Das macht gar nichts«, erwiderte ich, »denn bevor sie aufwacht, haben wir Zeit genug, uns ein paar Stößchen zu genehmigen! Sieh her, was ich für dich habe!«

Damit gab ich ihr einen kleinen Ring mit einem unechten Stein, den ich bei einem Hausierer gekauft hatte. Darauf kniete ich mich, ohne noch ein Wort zu sagen, zwischen ihre Schenkel, die sie mir bereitwillig öffnete. Ich ließ sie an meinem Klöppel und dem daran hängenden Kugellager spielen, während ich ihr Mäuschen melkte. Als sie nahe daran war, daß die Wellen über ihr zusammenschlugen, führte ich ihr meinen hochaufgereckten Stengel bis zur Wurzel ein, hob ihr die Hinterbacken hoch und kitzelte sie am Hinterpförtchen. Sie hingegen faßte mich um den Nacken, und wir versanken in einem Sinnestaumel, der nach einem kurzen Gefecht durch eine heftige Entladung von mir und ihr endete.

Während wir so miteinander beschäftigt waren, war sie mächtig ins Schwitzen gekommen, und der urwüchsige Duft eines jungen Landmädchens machte mir Lust nach einem zweiten Ringelstechen. Mein Wunsch war, ihr von hinten einzuheizen, doch sie hatte Angst, schwanger zu werden. Im übrigen mußte sie aus dem Bett, denn es war der Tag, wo Ursule sich in aller Ruhe ausschlafen konnte. Sie hatte ich einen Augenblick völlig vergessen, und Babette lachte sehr, als ich sagte, daß ich sie wecken gehen wollte.

Während sich Babette die Unterpartie mit ihrem Hemd trockenwischte, ging ich hinüber in die andere Kammer, wo Ursule noch im tiefen Schlaf lag.

Auch sie lag nackt im Bett, doch hatte sie die Decke bis zur Brust hochgezogen. Sie lag auf dem Rücken, die Arme hinter dem Kopf verschränkt, so daß die schwarzen Haare in ihren Achselhöhlen zu sehen waren. Ihre schöngeformten Brüste ragten, auf Grund ihrer Armhaltung, nach oben, und die Haare hingen in langen Locken über die Arme. Sie war so in dieser Lage herrlich anzuschauen. Schade, daß sie nur ein Landmädchen war! Ich konnte nicht verstehen, wieso ein Mann gegenüber der natürlichen Schönheit einer Bäuerin den zurechtgemachten Reizen einer Dame den Vorzug geben konnte.

Neben ihr lag ein sauberes Hemd. Ich roch

daran und war wieder gefangen von dem gesunden Duft, den es ausströmte.

Ganz sacht zog ich die Decke von ihrem Körper und bewunderte ihn, wie er so nackt vor mir lag. Einen Augenblick verharrte ich entzückt bei dem wundervollen Anblick ihrer wohlgeformten Glieder, ihres dichtbehaarten Dreiecks, dessen schwarze Haare bis zu den Schenkeln reichten. Sie erwachte aus dem Schlaf, als ich sie auf die Brust küßte. Zuerst war sie erschrokken und bedeckte ihre Scham mit der Hand; als sie mich jedoch erkannte, lächelte sie freundlich.

Gerade in diesem Augenblick trat Babette in die Tür und sagte:

»Bleib liegen, Ursule, ich werde deine Arbeit übernehmen!« Und damit ging sie wieder.

Ich bedeckte Ursule mit Küssen, bis ihre Sinne richtig angeheizt waren. Ich bat sie aufzustehen und bewunderte ihren Körper von Kopf bis Fuß und von allen Seiten, indem ich sie durch die Kammer hin und her zu gehen bat. Sodann nahm ich sie fest in meine Arme, und wir standen so längere Zeit miteinander verschlungen.

Ich packte schließlich die beiden Halbkugeln

ihres Hinterns und drückte ihren Bauch gegen meinen. Auf diese Weise konnte sie die Härte meiner hervorragenden Stelle spüren und ich, wie ihr haariges Dreieck meine Oliven kitzelte.

Das gefiel ihr. Sie schlang die Arme um meinen Nacken und preßte ihre Brust an mich. Ich hinwiederum zog sie an den Haaren ihrer Achselhöhlen. Da geriet sie in Flammen. Ich griff mit der Hand an ihre Spalte und fühlte, wie geschwollen und feucht sie war. Ihr Begeisterungsknöpfchen war ganz hart geworden.

Wir begaben uns zum Bett. Dort ließ ich sie hinknien und den Hintern nach oben recken. Meine Finger tasteten fieberhaft ihr Hinterpförtchen ab. Ihre von schwarzen Haaren dicht umgebene Spalte öffnete sich zur Hälfte, so daß ich ihr rötliches Gezöttel darin sehen konnte. Dann rieb ich meinen Dingus an ihren Beffchen.

Das alles bereitete ihr unaussprechliches Vergnügen. Sie gab die Bewegungen, die ich machte, zurück, worauf ich ganz in sie eindrang, mich dann aber wieder zurückzog und alles so oft wiederholte, bis ich merkte, daß es bald kommen würde.

Wie rasend genoß sie die Wonne des Sinnestaumels. Ihre Mulde, gänzlich geschwollen, klemmte meinen Stengel ein, den ich nunmehr in seiner vollen Länge eindringen ließ; dabei preßte ich mich gegen ihren Hintern, packte ihre Brüste und zuzzelte wie ein Verrückter an deren Spitzen. Ich war völlig außer Rand und Band. Bei jedem Stoß, den ich ihr versetzte, stöhnte sie wie von Sinnen auf. Mit der einen Hand knetete ich ihre Brüste, mit der anderen kitzelte ich sie unten an ihrem Lustzäpfchen. So entluden wir zur gleichen Zeit. Ich hörte noch, wie mein Berzel in ihrem nassen Schleimbeutel laut flutschte, dann lagen wir wie erschlagen auf dem Bett.

Als ich mich aus ihr zurückzog, merkte ich, daß ich noch immer einen Ständer hatte. Sie schämte sich ein wenig, da sie es sich in dieser Stellung noch nie hatte machen lassen. Die größte Wonne hatte ihr bereitet, wie meine Schellen unten gegen sie geprallt waren. Noch war ich nicht völlig befriedigt und wäre noch gar zu gern bei diesem frischen und hübschen Mädchen geblieben. Ich hätte sie sogar, wenn ich gekonnt hätte, auch geheiratet.

Sie sagte mir, daß sie jetzt zur Arbeit hinunter müsse. Sie zog also ihr Hemd an, und ich half ihr beim Ankleiden. Dabei lächelte sie mir liebevoll zu. Noch einmal beschaute ich sie mir von allen Seiten, dann ging auch ich. Ich versprach, ihr ein schönes Andenken zu kaufen, und sie, mit mir eine ganze Nacht zu verbringen.

10

Im ›Schloß‹ war noch alles still, als ich in mein Zimmer hinunterstieg und mich wieder ins Bett legte. Später kam mich meine Mutter wecken und brachte mir das Frühstück. Sie teilte mir mit, daß ich am nächsten Tag zum Bahnhof müßte, um meinen Vater abzuholen, der mit meiner älteren Schwester Elise ankommen würde. Während meine Mutter die beste Laune hatte, konnte man das von Berthe nicht sagen, die sich durch die Ankunft der sehr hübschen Schwester gestört fühlte. Sie erzählte mir, daß Elise eine Liebschaft mit dem Sohn eines Geschäftsfreundes unseres Vaters hätte und daß dieser junge Mann sie höchstwahrscheinlich heiraten würde, sobald er seinen Militärdienst abgeleistet hätte.

Sie erzählte mir außerdem viele andere Dinge, die sie vorher nicht verstanden hätte, die aber jetzt für sie klar wären. Ganz gewiß mußten

Kate und Elise lange Zeit ›Busen-Schwestern‹ gewesen sein, und sie waren einmal ganz allein eine Stunde lang im Badezimmer geblieben.

Am nächsten Tag machte es mir Spaß zu sehen, daß meine Mutter, in Erwartung ihres Mannes, ein Bad nahm.

Am Bahnhof, als der Zug ankam, war ich ganz erstaunt, daß aus meiner Schwester Elise eine zauberhafte junge Frau geworden war. Sie hatte hübsche kleine Füße, die in eleganten Schühchen steckten, und sie trippelte damit so graziös dahin, daß ich auf ihren Frédéric eifersüchtig wurde. Ich hatte mir vorgenommen, daß jedes weibliche Wesen in meiner Umgebung zu meinem Harem gehören mußte, und ich bestärkte mich in meiner Meinung.

Meine Eifersucht wuchs, als ich sah, daß mein Vater einen Freund mitgebracht hatte, einen Monsieur Franck, der ein alter Junggeselle war und ein Auge auf meine Tante geworfen hatte. Man stellte sich gegenseitig sehr herzlich vor. Meine Schwester verwunderte sich, wie ich mich entwickelt hatte, und wir küßten uns ein wenig mehr, als Geschwister gewöhnlich tun.

Wir im ›Schloß‹ hatten nicht mit Monsieur Franck gerechnet, und da der Wagen nur zwei

Plätze hatte, sagte ich, daß Papa und sein Freund den Wagen benutzen sollten, während Elise und ich zu Fuß gehen würden. Meine Schwester stimmte dem zu, und der Fußmarsch war recht angenehm. Die Unterhaltung unterwegs wurde bald sehr interessant. Meine Schwester fühlte sich sehr geschmeichelt über die Komplimente, die ich ihr über ihre Schönheit machte. Als sie sich nach Berthe erkundigte und ich ihr erzählte, daß sie schon ihre Regel gehabt hätte und nun mannbar wäre, betrachtete mich Elise mit Bestürzung.

»Sie bleibt jetzt immer mit Kate im Badezimmer eingeschlossen, genauso lange wie früher du.« Dann fügte ich hinzu, indem ich sie genau beobachtete: »Sie schlafen auch zusammen im selben Zimmer, du verstehst.«

Meine Schwester errötete tief und sagte kein Wort dazu.

»Du brauchst dich nicht zu genieren, Elise«, sagte ich im vertraulichen Ton, »denn ich bin kein kleiner Junge mehr! Im übrigen hast du dich ja überzeugen können, als wir noch jünger waren, und gemeinsam gebadet wurden, als du unverhofft im Badezimmer eingetreten bist und man Berthe und mich wusch, daß mein Ding nicht schlechter ist als das von deinem Frédéric.«

»Aber Roger!«

»Berthe und ich haben jetzt auch Haare zwischen den Beinen, und wir wissen, daß es etwas Besseres gibt, als mit dem nassen Finger oder fünf gegen eins zu spielen.«

Elise war hochrot im Gesicht, ihre Brust hob und senkte sich, doch sie wußte nichts darauf zu antworten. Dann, mit einem Male, schaute sie nach allen Seiten, ob wir auch allein wären, und fragte mich:

»Sag mal, Roger, ist es wahr, daß die jungen Leute, wenn sie zum Militär eingezogen werden, sich splitternackt ausziehen und sich untersuchen lassen müssen? Ich habe Mama und Papa so etwas sagen hören, und auch im Pensionat sagt man das.«

»Frédéric, mein künftiger Schwager, hätte dir das genauer sagen können. Selbstverständlich ist es so. Man prüft sie wie eine Braut während der Hochzeitsnacht. Aber sie kriegen keinen Ständer, weil sie Angst haben. Frédéric dürfte ihn auch nicht kriegen.«

»Ach was ...! Aber sie müssen sich doch schämen ... Ist das öffentlich? Können Frauen das sehen?«

»Leider nein!« sagte ich bedeutsam. »Im

übrigen, Elise, vor dir würde ich mich nicht genieren.« Ich küßte sie herzlich. Wir waren in einem kleinen Gehölz, ganz in der Nähe des ›Schlosses‹.

»Glaubst du denn, daß es auf der Welt eine Braut gibt, die sich nicht vor ihrem Mann ausziehen wird, um gebührend geprüft zu werden? Im übrigen zieht er sich auch dabei nackt aus.«

»Aber ein Mann, das ist doch nicht dasselbe wie bei einer Frau!«

»Warum? Wenn ich mich vor dir nackt auszöge, würdest du alles sehen: meine Haare, meinen aufgeregten Stengel, meinen Beutel daran; aber bei dir, da könnte ich nur die Haare sehen, die deine Stoßspalte verdecken. Hast du viele Haare, Elise?«

»Oh, Roger, schau mal dort, die hübschen Erdbeeren!«

Ich half ihr welche suchen. Dabei drangen wir tiefer in das Wäldchen vor. Ich gab ihr einen Kuß und bekam einen Ständer wie ein Hirsch.

»Was steht denn da hinten?« fragte sie.

»Das ist eine Jagdhütte; den Schlüssel dazu habe ich, denn sie gehört uns.«

Die Jagdhütte war von dichtem Gestrüpp umgeben.

»Warte mal einen Augenblick, Roger, ich bin gleich wieder da! Aber paß auf, daß niemand kommt!«

Sie verschwand hinter der Hütte, und ich hörte es plätschern. Ich schaute hin. Sie hatte sich niedergehockt, ein wenig dabei den Körper nach vorn gebeugt, die Beine gespreizt und dabei ihre Röcke angehoben, so daß man ihre hübschen Waden sehen konnte. Unterhalb der Knie befanden sich die Spitzen ihres Höschens. Zwischen ihren Beinen spritzte der Strahl hervor. Als sie fertig war, zog ich mich wieder zurück, doch sie blieb noch eine Weile. Sie hob die Röcke über ihre Hüften und zog den Hosenschlitz weit auf. Dabei kam die Falte ihres Hinterns mit den runden fülligen Schenkeln zum Vorschein. Mit großer Anstrengung begann sie zu drücken, und ein dünnes Würstchen drang aus ihrem Hintern, pendelte ein wenig hin und her, bis es auf den Boden fiel und sich dort zusammendrehte. Danach plätscherte es noch einmal, und Elise war fertig.

Diesmal hatte ich genau gesehen, wie der Strahl aus ihren Haaren schoß, die kastanienbraun und ziemlich dicht waren. Sobald Elise fertig war, suchte sie nach Papier, fand aber keines. Ich trat hervor und gab ihr welches.

»Da, Elise, hast du Papier!«

Einen Moment lang war sie zornig.

»Du brauchst dich nicht zu schämen«, sagte ich, »denn auch ich muß einmal!«

Ich zog meinen Pimmel aus der Hose, obwohl das gar nicht so einfach war, denn er war steif, und begann, mein Wasser abzuschlagen. Dabei erinnerte ich mich des Knechtes am Teich und ließ meinen Strahl hochschießen, daß meine Schwester lachen mußte. Sie hatte sich inzwischen den Hintern abgewischt.

Auf einmal hörten wir Stimmen näher kommen.

Elise hatte Angst, deshalb drängte ich sie in die Hütte, die ich hinter uns wieder verschloß. Durch einen Schlitz in den Balken schauten wir nach draußen. Ein Knecht und eine Magd kamen auf die Hütte zu und schäkerten miteinander. Dann mit einem Mal warf er sie zu Boden, legte sich auf sie, holte sein Instrument heraus, hob ihr die Röcke hoch, und sie schoben sich einen rein und raus, wobei sie wie die Tiere schnauften.

Bei diesem Anblick hatte ich Elise umschlungen und drückte sie an mich. Ihr wohlriechender Atem erhitzte mir die Wangen. Ihre Brust wogte auf und nieder vor dem, was wir, ohne ein Wort zu sprechen, vor Augen hatten. Auch ich zog mein hervorragendes Ding aus der Hose und gab ihn ihr in die Hand, die sich heiß und fein wie Seide anfühlte.

Das Pärchen vor uns entfernte sich wieder. Ich konnte nicht widerstehen und packte meine Schwester. Trotz ihres Widerstandes hatte ich schnell ihre Hose samt ihrem Hemd beiseite geschoben, und meine Finger spielten an ihren Haaren. Ihre Schenkel hielt sie zusammengepreßt; so spielte ich an ihrem Begeisterungsknöpfchen.

»Nein, Roger, das geht zu weit! Schämst du dich nicht! Ich schreie, wenn du nicht aufhörst!«

»Wenn du schreist, wird man es im ›Schloß‹ hören... Es wird doch niemand erfahren! Die ersten Menschen haben ja auch nichts anderes gemacht.«

»Aber wir sind doch nicht die ersten Menschen, Roger!«

»Elise, wenn wir auf einer Insel wären ...«

Ich war dabei, meinen Finger bei ihr einzuführen.

»Wenn mein Frédéric das wüßte!«

»Er wird es nicht erfahren. Komm, ma chérie!«

Ich setzte mich auf einen Stuhl und zog meine Schwester auf mich. Als sie meinen ungeheuren Klöppel an ihrem Eingang stoßen fühlte, gab sie jeglichen Widerstand auf. Sie war nicht mehr Jungfrau. Sie gestand mir, daß sie es schon einmal mit ihrem Frédéric gemacht hatte. Ihr Eingang war eng, sehr heiß und angenehm feucht.

Sie gab mir meine Küsse zurück. Ich öffnete ihre Bluse und ließ ihre Brüste heraus, die hin- und zurückschnellten, während ich an einer jeden von ihnen saugte. Indessen hielt ich sie mit meinen Händen an ihren zwei strammen runden und wunderbaren Halbkugeln des Hinterns fest. Sie begann in einen rasenden Sinnestaumel zu kommen, und nicht lange, da entluden wir zur gleichen Zeit. Als wir wieder zu uns gekommen waren, versprachen wir uns äußerstes Stillschweigen über das, was zwischen uns geschehen war.

Noch einmal schauten wir uns liebevoll an, dann gingen wir zum ›Schloß‹.

II

Bei Tisch war man sehr aufgeräumt. Mein Vater beschäftigte sich mit Mama, Monsieur Franck bemühte sich eifrig um meine Tante. Und ich unterhielt mich mit meinen zwei Schwestern. Als Quartier hatte man unserem Gast mein Zimmer gegeben, während ich in derselben Etage wie die Frauen in Elises Zimmer schlief, die wiederum in das von Berthe und Kate einquartiert wurde. Als alles zu Bett gegangen war, warf ich einen Blick in das Zimmer meiner Schwestern. Berthe schlief schon, aber Elise war nicht da. Plötzlich sah ich ein Licht auftauchen; sofort versteckte ich mich und sah Elise und meine Tante, beide im Nachthemd, kommen, die durch eine Ritze der Tür zum Zimmer meiner Eltern blickten. Dort drinnen hörte man kräftiges Klatschen auf einen nackten Hintern. Dann die Stimme meines Vaters, der rief:

»Jetzt, Anne, laß das Hemd fallen! Wie schön du bist mit deinen schwarzen Haaren!«

Darauf Küsse und Tuscheln.

»Marsch, Anne, vorwärts, marsch! ... Halt! Arme in die Höhe! Was du für Haare unter den Achseln hast! Jetzt schau her, wie er mir steht! Anne nimm ihn ... Prä-ä-sen-tiert das Gewehr ...! Gewehr über! Komm hierher!«

»Sieh mal, Charles, reg dich nicht zu sehr auf... Und du tust mir weh ... Du hast mich doch schon genug gesehen. Ich schäme mich, wenn du dir meinen Hintern anschaust.«

»Sei still, mein Kind ... Leg dich auf das Bett ..., jetzt die Füße nach oben ..., noch höher ..., da ..., da ist meine Schatzkammer ...!«

Man hörte, wie das Bett krachte.

»Kommt es dir, Anne?«

»Gleich, Charles, gleich!«

»Oh, es kommt! Das ist gut so!«

»Charles ... Ah, ah!«

»Anne ...! Ich entlade ...!«

Auf der Treppe hörte man die Stimme von Kate, und Elise verschwand in ihrem Zimmer. Meine Tante flüchtete in ihres, ohne es zu schließen, denn gleich darauf kam sie wieder heraus. Meine Eltern hatten das Licht gelöscht.

Schnell schlüpfte ich in das Zimmer meiner Tante. Als sie zurückkam und mich im Halbdunkel bemerkte, bekam sie Angst. Ich sagte ihr alles, was ich gesehen und gehört hatte. Sie machte wieder Licht. Ohne ein Wort zu sagen, nahm ich sie in meine Arme. Ich spürte die reizenden Formen ihres herrlichen Körpers. Sie zitterte am ganzen Leibe. Ich faßte nach ihrer Muschel unter dem Hemd. Als sie sich wehrte, versuchte ich sie zu beruhigen.

»Laß uns Mann und Frau sein, liebe hübsche Marguerite!«

Mein Finger spielte an ihrem Begeisterungsknöpfchen. Da ließ sie alles mit sich geschehen. Ich entblößte ihre schönen Brüste, die so weiß wie Schneebälle waren. Ich drängte sie zum Bett. Sie begann zu schluchzen. Ich schlug ihr vor, sie zu entführen und zu heiraten. Da hörte sie auf zu schluchzen und begann zu lächeln. Ich legte meinen Hemdspreizer bloß. Durch den Champagner, den sie getrunken hatte, war sie erregt. Sie löschte die Kerze. Ich gab ihr meinen Stengel in ihre schöne Hand, dann schleckte ich an ihrer Blüte. Die Lust, die sie dabei empfand, war so groß, daß sie ihre Hüften bewegte und ihr Lustzapfen anschwoll. Ich steckte einen Finger in ihre Spalte und saugte an den Spitzen ihrer Brüste. Sodann zog ich ihr das Hemd aus, preßte ihren Körper gegen meinen und stieß, wie wir so Mund an Mund lagen, mit schnellen Stößen meinen steifen Kerl in ihre bisher unberührte Spalte.

Ein einziger kleiner Schrei ging der sogleich aufflammenden Lust voraus. Jetzt war sie nur noch eine vor Lust glühende Frau, die sich dem Sinnestaumel hingab.

Ein kurzes Gefecht, dessen Gefühlsausbrüche jedoch unendlich schienen, führte uns zu allen Grenzen der sinnlichen Ekstase. Mit den heftigsten Stößen, die ich ihr versetzte, verströmte ich meinen Lebenssaft in ihren Schoß.

Die Lust war zu groß gewesen, trotzdem hatte sie mich nicht erschlaffen lassen, sondern ich war noch ›steif und fest‹ zu allem bereit. Ich überhäufte sie mit Zärtlichkeiten, dann zündete ich wieder die Kerze an. Sie vergrub ihr Gesicht in den Kissen, denn nun schämte sie sich wieder, ich aber zog die Bettdecke herunter, um den Venuskörper meiner Tante in seiner ganzen Schönheit zu sehen. Eine leichte Blutspur, vermischt mit unserem Wonnekleister, war am Haar ihres Freudentales zu sehen. Ich wischte alles mit meinem Taschentuch sauber, drehte Tante Marguerite um, strich ihr zärtlich über Rücken und Hintern und küßte sie auf ihre hinteren Hügel, auch da, wo sie wie ein Pfirsich gespalten waren. Daraufhin legte ich mich auf sie und vergrub mein Gesicht in ihren herrlich duftenden Haaren. Ich umfaßte ihren Körper, hob sie ein Stück an und versenkte meine Stange wieder in ihre feuchte Spalte. Ein langer und aufreibender Liebeskampf folgte, daß wir aus allen Poren schwitzten. Bei ihr schlugen zuerst die Wellen hoch, und sie schrie dabei vor Wollust wie eine Rasende. Meine Entladung folgte mit einer eher schmerzhaften Wollust. Wir waren am Ende, und bald darauf verließ ich ihr Zimmer.

Einige Wochen vergingen in verschiedenen Vergnügungen. Monsieur Franck machte meiner Tante immer drängender den Hof. Und eines Tages traten Elise und meine Tante in mein Zimmer und weinten. Beide waren schwanger. Aber weder die eine noch die andere wagte es, einander zu gestehen, daß ich der Übeltäter war. Mein Entschluß war schnell gefaßt.

»Elise, heirate doch Frédéric! Und du, Tantchen, nimm Monsieur Franck! Ich werde euer Brautführer sein.«

Am Morgen des nächsten Tages tat sich meine Tür auf, und Ursule trat herein. Auch sie war in anderen Umständen. Ich sagte ihr, daß sie den Cousin des Verwalters heiraten sollte, der ihr schon lange schöne Augen machte; außerdem versprach ich ihr, der Pate ihres Kindes zu sein. Nachdem ich das gesagt, zog ich sie aus und küßte sie von vorn bis hinten ab. Darauf wusch ich sie mit Eau de Cologne und ließ mir das gleiche von ihr machen, was mich sehr in Erregung versetzte. Ich stieß dann so gewaltig in sie hinein, daß sie auf dem Bett nur so vor Wollust zuckte und ihre Haare hin und her flogen.

Nicht lange, und wir hatten drei Hochzeiten zu feiern. Alles endete in Frieden, Liebe und Freude, und ich schlief weiterhin nacheinander mit den Frauen meines Harems. Jede von ihnen wußte, was ich mit der anderen trieb, und hatte Verständnis.

Bald kam Ursule mit einem Knaben nieder, ein paar Tage später Elise und meine Tante mit einem kleinen Mädchen. Ich machte den Taufpaten des kleinen Roger von Ursule, der kleinen Louise von Elise und der kleinen Anne von meiner Tante, alles Kinder vom gleichen Vater, die das nie erfahren würden.

Ich hoffe, noch viele andere Kinder von ihnen zu bekommen, und indem ich das mache, erfülle ich eine patriotische Pflicht, nämlich die, die Bevölkerung meines Landes zu vermehren.

AtV

Band 1415

Josefine Mutzenbacher und ihre 365 Liebhaber

Roman

250 Seiten
ISBN 3-7466-1415-5

Wenn die Pepi, also die Josefine, am Ende des Buches, nun bald eine gutbürgerliche Ehefrau, über eine ehrbare Zukunft ihres Töchterchens nachsinnt, muß sie sich von der Freundin Steffi in realistischer Einschätzung der Dinge sagen lassen: »Na, leicht is ja net, a Dame und anständig sein, solang die Männer no an Zebedäus haben. Und das Vögeln wird so bald net aus der Mod kommen ...« Der hinreißende Charme des Wiener Dialekts, dazu literarische Gestalten von ausgeprägter Individualität machen diese vermeintliche Fortsetzung der »Lebensgeschichte einer Wiener Dirne« zu einem der deutschsprachigen Glanzpunkte im Fundus der internationalen erotischen Literatur.